经理人下午茶系列 10

新商业礼仪

《哈佛管理前沿》
《哈佛管理通讯》 编辑组 编

罗 杰 译

商务印书馆
2007年·北京

Business Etiquette for the New Workplace

Original work copyright © Harvard Business School Publishing Corporation.

Published by arrangement with Harvard Business School Press.

图书在版编目(CIP)数据

新商业礼仪/《哈佛管理前沿》《哈佛管理通讯》编辑组编；罗杰译．—北京：商务印书馆，2007
（经理人下午茶系列）
ISBN 7-100-05292-0

Ⅰ.新… Ⅱ.①哈…②罗… Ⅲ.商业管理—公共关系学—礼仪 Ⅳ.F715

中国版本图书馆 CIP 数据核字(2006)第 160927 号

所有权利保留。
未经许可，不得以任何方式使用。

新商业礼仪
《哈佛管理前沿》《哈佛管理通讯》编辑组 编
罗 杰 译

商 务 印 书 馆 出 版
（北京王府井大街36号 邮政编码 100710）
商 务 印 书 馆 发 行
北京瑞古冠中印刷厂印刷
ISBN 7-100-05292-0/F·654

2007年8月第1版　　开本 650×1000 1/16
2007年8月北京第1次印刷　印张 11½
印数 5 000 册
定价：23.00元

商务印书馆—哈佛商学院出版公司经管图书翻译出版咨询委员会

(以姓氏笔画为序)

方晓光　盖洛普(中国)咨询有限公司副董事长
王建铆　中欧国际工商学院案例研究中心主任
卢昌崇　东北财经大学工商管理学院院长
刘持金　泛太平洋管理研究中心董事长
李维安　南开大学国际商学院院长
陈国青　清华大学经管学院常务副院长
陈欣章　哈佛商学院出版公司国际部总经理
陈　儒　中银国际管理公司执行总裁
忻　榕　哈佛《商业评论》首任主编、总策划
赵曙明　南京大学商学院院长
涂　平　北京大学光华管理学院副院长
徐二明　中国人民大学商学院院长
徐子健　对外经济贸易大学副校长
David Goehring　哈佛商学院出版社社长

致中国读者

哈佛商学院经管图书简体中文版的出版使我十分高兴。2003年冬天,中国出版界朋友的到访,给我留下十分深刻的印象。当时,我们谈了许多,我向他们全面介绍了哈佛商学院和哈佛商学院出版公司,也安排他们去了我们的课堂。从与他们的交谈中,我了解到中国出版集团旗下的商务印书馆,是一个历史悠久、使命感很强的出版机构。后来,我从我的母亲那里了解到更多的情况。她告诉我,商务印书馆很有名,她在中学、大学里念过的书,大多都是由商务印书馆出版的。联想到与中国出版界朋友们的交流,我对商务印书馆产生了由衷的敬意,并为后来我们达成合作协议、成为战略合作伙伴而深感自豪。

哈佛商学院是一所具有高度使命感的商学院,以培养杰出商界领袖为宗旨。作为哈佛商学院的四大部门之一,哈佛商学院出版公司延续着哈佛商学院的使命,致力于改善管理实践。迄今,我们已出版了大量具有突破性管理理念的图书,我们的许多作者都是世界著名的职业经理人和学者,这些图书在美国乃至全球都已产生了重大影响。我相信这些优秀的管理图书,通过商务印书馆的翻译出版,也会服务于中国的职业经理人和中国的管理实践。

20多年前,我结束了学生生涯,离开哈佛商学院的校园走向社会。哈佛商学院的出版物给了我很多知识和力量,对我的职业生涯产生过许多重要影响。我希望中国的读者也喜欢这些图书,并将从中获取的知识运用于自己的职业发展和管理实践。过去哈佛商学院的出版物曾给了我许多帮助,今天,作为哈佛商学院出版公司的首席执行官,我有一种更强烈的使命感,即出版更多更好的读物,以服务于包括中国读者在内的职业经理人。

在这么短的时间内,翻译出版这一系列图书,不是一件容易的事情。我对所有参与这项翻译出版工作的商务印书馆的工作人员,以及我们的译者,表示诚挚的谢意。没有他们的努力,这一切都是不可能的。

哈佛商学院出版公司总裁兼首席执行官

万季美

序　言	001

第一部分　避免陷入常规礼仪陷阱

1. 沟通中断	019
2. 言简意赅	031
3. 强者是如何变成弱者的	039
4. 办公室幽默的使用与被滥用	047

第二部分　沟通的时机

1. 不宜在公众场合发言的时机	057
2. 应该披露多少信息	065
3. 迈克尔·费纳访谈录	073
4. 林恩·夏普·佩因和埃利奥特·施拉格访谈录	081

第三部分　选择恰当的沟通方式

1. 关掉手机	091
2. 我能用电子邮件道歉吗？	097
3. 不要急着按发送键	107

第四部分　情绪激动时的谈判

1. 当生活给了你柠檬汁的时候　　119
2. 坚持拒绝　　131
3. 自负　　143
4. 情感策略　　153
5. 施加压力　　163

作者简介　　173

序　言

　　每天,你或许都可能发现自己迷惑于该怎样处理商业礼仪中和沟通有关的问题。这些问题中的一部分可能相对无伤大雅,例如"以这个笑话来开始我的演讲合适吗?"或者"我该用电子邮件、电话还是面谈来为我不能支持对手新方案的行为表示歉意呢?"

　　其他的商业礼仪问题看上去要比以上情况更严重。例如,你应该在多大程度上将公司财务状况信息向询问你的下属和同事透露,该透露哪些信息呢?当有很多媒体向你采访有关公司正在经历的危机信息时,你应该怎么做呢?如果有必要,当为了激发团队成员的进取心时,你应该在多大程度上粉饰事实真相呢?

　　商业谈判也是商业礼仪难题的一种表现形式。例如,当你发现在谈判中和一位态度生硬、令人恼怒的对手陷入矛盾时,你该怎么做呢?在议价谈判过程中,多大程度上使用隐含的威胁手段是最恰当的呢?

失误的代价

任何情况下的失误都在提醒我们商业礼仪的重要性——即使在你的初衷明显是好的开始阶段——失误也会严重地损害你作为管理者的声誉和效力。失误不但会伤害你的部门也会损害公司的利益。例如，试想一下这个故事，公司的首席财务官为了保持公司财务机密性，对其他部门就公司财务状况撒谎。他的用意是良好的，但是却采取了错误的手段——撒谎。他应该这样说："我不能提供你们现在询问的所有信息。"他行为失误的结果是什么呢？公司的审计官是一位年轻的经理，最终他知道了事实的真相，从而开始怀疑首席财务官的诚实度。他开始寻找新工作，而这份工作的新领导是他能够信任的人。那位首席财务官撒谎的举动让公司失去了一位很有价值的员工。

另一位经理由于在她的部门不恰当地使用了幽默，而使自己逐渐变得很紧张。她的团队已经在一个重要的项目上辛苦地忙碌了一整天，由于供应商没能及时地传送一份重要文件（从意大利来的 rep），从而导致她的团队没能在最终期限前完成工作任务。那位经理和她的团队的压力已经到达了极点。为了释放压力，她做了一件傻事。这位经理讲了一个有关意大利

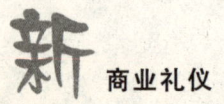

商人的笑话。整个办公室的气氛凝固了，所有人都被这位经理的失态惹怒，从而不能专心工作了。

懂得商业礼仪的好处

正如那些趣闻揭露的一样，一位经理如果对商业礼仪缺乏深刻的理解将带来破坏性的结果。相反，如果懂得如何使用技巧和良好的判断力去解决商业礼仪难题能够给你带来重大的收益：

➢ 你可以建立可信赖以及娴熟得体的名声。
➢ 因为发送了对别人表示尊重的信息，因此反过来你也获得了别人的尊重。
➢ 人们将认为你是一个能够建设性地与别人一起工作的、具有积极前行勇气的经理，你将在组织内和人们之间建立相互有利的关系。
➢ 你能够激励下属做到最好——不管是在工作中努力超群、接纳必须的变革，还是在艰难的时期能够挺过更长的时间。

很明显，掌握商业礼仪能够带来有价值的结果，不管是为个人还是为公司。但是你该如何着手磨练自己商业礼仪的技巧呢？做到这一点并不容易。毕竟，在当前这个文化日益多元化的工作环境中，说和做"错误的事情"的机会已经猛增。一个对某人明显无害的笑话对另一个具有不同文化背景的人来说可能是不合适的;在一个社会中被认为是令人称赞的行为(例如表现出高度的自信)可能会被不同社会环境的人理解为傲慢自大。

技术的进步也使人们很容易无意识中冒犯或打扰别人。特别是随着语音信息、电话、免提电话、电子邮件和即时信息的出现,很少有人能够确定地知道该如何恰当使用这么多种沟通手段。例如,你应该在哪种商业场合关掉自己的手机呢?什么时候是采用面对面沟通解决冲突的恰当时机呢?在办公室使用电话免提功能,对于来电者是不是一种不尊重呢?

电子邮件也是商业礼仪的"雷区"。例如,如果一位经理接到一封没有使用问候语的邮件时,将会感觉受到了侮辱。她并不是非得想听到"亲爱的安德森小姐"这种话,她可能更愿意听到"你好,托妮!"。但是在她的感觉中,如果和人联系的时候,在邮件开头没有问候语是很不礼貌的。因此她很难对不尊重她的礼仪密码的写信人表示尊重。其他有关电子邮件方面的不时地困扰经理们的商业礼仪问题包括:"我应该在发送前对所有的电子邮件进行拼读检查吗?"、"是不是必须写出主题栏呢?",以及"通过电子邮件来向同事抱怨合适吗?"

随着文化和技术的不断加速变化,人们需要尽可

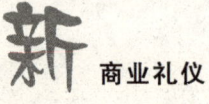

能快、尽可能彻底地掌握商业礼仪的原则。这意味着认识和避免常规商业礼仪的缺陷,清楚何时应该发表意见或披露信息(以及何时应该保持沉默或者含糊其辞),这同样意味着为要发送的信息选择合适的沟通渠道,运用你自己的判断力以及个人的沟通技巧获得谈判成功。以上都是有挑战性的目标。但是本书收录的文章将为你提供帮助。以下是本书要为你提供的方法、工具和提示的预览。

避免陷入常规礼仪陷阱

为了避免陷入常规的礼仪陷阱,你必须知道它们都是什么样子的。这部分收集的文章叙述了粗心的经理们很大范围内会犯的错误。在本部分的第一篇文章"沟通中断"中,执行教练斯蒂芬·罗宾斯(Stever Robbins)列举了九种非常典型的错误。例如,很多经理将有争议的决策(比如很艰难的主动变革)宣布为妥当的决策,却从不在开始时就和他人进行一对一的沟通,也不会承认由此决策带来的情感变化。结果呢?这些经理没有能够围绕这个决策建立联盟,所以人们对这个决策很怀疑,表现出排斥的心理。

另一种很普遍的失误是很多经理在交谈中将业务和朋友关系混为一谈。朋友之间是互相支持、互相体谅并且会给对方留退路的。而经理的任务则是指导、训练和平衡团队的需求。如果你没有任何工作上的理由而向一位朋友许诺提升的话,他或她都可能将你的行为直译为对友谊的背叛。

写作教练肯·奥奎因(Ken O'Quinn)研究了另一种礼仪"禁忌":人们使用令人费解的"法人式语言"和他人进行沟通有逐渐增长的趋势,不幸的是,在公司领域却充斥着行话和专业术语。这一点可以从一位经理的备忘录来证明,他声明新雇用的经理应该"为跨国财务机构设计一种给予任务评测的跨平台沟通产品"。尽管这位经理可能认为使用这样的语言可以让别人认为他们久经世故和见多识广,但这样做仅仅让别人感到困惑并受到刺激。

为了避免掉进这样的陷阱中,人们应该使用准确的话语。例如,不要说"这是产品的功能性",而这样说"这是产品工作的方式"。避免在名词前堆叠大量的修饰语,这是一种强迫别人从你说出的名词中找寻你的真实意思的习惯。举例说明,你不应该告诉听众"这是一门交易过程整合工艺",而要说"这是一门帮助公司整合交易过程的工艺"。

在"弱者是如何变成强者的"一文中,商业作家莫西·威廉姆斯(Monci Williams)警告说不要将自己的个人沟通方式强加到他人头上,这也是经理们常犯的一个错误。例如,假设你想通过讲故事和逸闻来表达观

点和沟通思想。在很多场合下这样做都是很有效的方式。但是可能你的上司在接受你的决策信息时更喜欢简洁、"请给我标题"式风格呢。在这种情况下，上司可能会对你越来越不耐烦，认为你是一个低效率的沟通者，并不将你作为提升的候选人。

为了回避这些失误，你应该注意到集权式风格的沟通效果并不理想，即使是传达重大结果的信息时，你也应该表现温和。多练习几种不同的沟通风格可以满足你和不同的人沟通的需要，并且学会当你感觉到别人在受你的"沟通虐待"时收敛自己的行为。

本部分的最后一篇文章"办公室幽默的使用与被滥用"的作者是商业作家康斯坦丁·冯·霍夫曼（Constantine von Hoffman），文中分析了经理们在办公室讲笑话时可能陷入的雷区。

例如，在讲笑话或者幽默之前，你是否忽略了听众觉得什么样的笑话或幽默才可乐呢？如果是这样的话，最好的情况是听众无动于衷，最坏的情况则是可能会激怒他们。

许多专家确实建议不要开别人的玩笑，而要自嘲，这样才不会伤害别人。但是要注意，你应该拿自己无伤大雅的方面来开玩笑（比如你做过的一些无害但比较傻的事），而不要拿让别人怀疑你的能力的主要缺点来自嘲。

沟通的时机

商业礼仪的一条核心原则是知道何时是和媒体、员工以及其他人员沟通信息、交换意见的恰当时机,什么时候不是。本部分选择的文章可以为你提供有益的指导。

在"不宜在公众场合发言的时机"一文中,沟通专家尼克·摩根(Nick Morgan)关注的是是否回答记者提出的问题。摩根对"多沟通总比少沟通好"这个老观念提出质疑。他主张有些时候"最好在公众面前闭上嘴巴"。他的意见是将记者的问题留给公司的官方发言人或公关部门。他们更擅长于回答记者的问题,并且不会在不经意中泄露公司机密或对公司有害的信息。他同样主张当你的情绪很激动时最好避免和媒体谈话,因为此时你很容易说一些会后悔的话。

在"应该披露多少信息"一文中,商业编辑保罗·米歇尔曼(Paul Michelman)和读者探讨了回答员工有关公司机密问题的策略。例如,假设一位直接下属向你询问分公司将被出售的信息是否是谣言。你知道分公司的清算近在眼前,但是事情不会在几个月内得到妥善处理,你该怎么回答呢?

处理方法被很多因素所约束,米歇尔曼概述了一

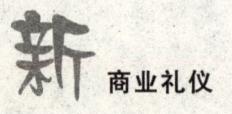

系列的问题以帮助你权衡轻重。比如,哪一种针对员工问题的回答既让你获得直接下属的信任又不会泄露公司机密呢?公司透露高层信息的策略是什么呢?

本部分的第三篇文章"迈克尔·费纳(Michael Feiner)访谈录"是基于劳伦·凯勒·约翰逊(Lauren Keller Johnson)对这位商业作家的一次采访,文章探讨了干涉公司冲突的时机问题。例如,当团队中两个人之间发生了冲突时,如果你认为问题将最终烟消云散并不会给公司带来任何损害的话,最好的处理办法就是忽视它。不管如何,在大多数情况下当面对质是化解破坏性冲突的最佳方式。例如,费纳建议"当你看到两个不同部门的人因为金钱和权力卷入矛盾时,如果你对抗其中一方或者双方的话,你就帮了他们大忙。你可以说明冲突不但对公司有害,它对个人的可信度和职业生涯也是有破坏性的。如果处理妥当的话,这将足以说服人们将个人利益放在一边"。

本部分的最后一篇文章"林恩·夏普·佩因(Lynn Sharp Paine)和埃利奥特·施拉格(Elliot Schrage)访谈录——管理、道德和服从"的作者是商业作家埃里克·麦克拉尔蒂(Eric McNulty),文中探讨了因为最近的接连爆发的公司丑闻出台的萨班斯—奥克斯莱法案(Sarsbanes-Oxley Act)以及其他法律法规规定的最新公司信息披露要求。通过对佩因和施拉格的访谈,麦克拉尔蒂推荐了确保公司遵循新法令的几个步骤。

例如，公司应当遵守规则和法令标准的核心内容，而不仅仅是字面含义。毕竟，安然公司（Enron）从事的大多数活动都是合法的。但是由于管理层逼迫太紧，最终摧毁了这个公司。文章同样强调要寻找机会并同时直接和下属探讨价值和责任的问题，而不要等待一次失误强迫你面对公众发言。

选择恰当的沟通方式

如果选择了恰当的沟通方式和他人交流思想，你就提高了获得他人协作与支持的机会；如果选择了错误的沟通方式的话，你将会让对方感到不快、困惑，并可能会激怒听众。

怎么才能做到使信息与沟通方式匹配呢？本部分收集的三篇文章将为你提供有用的指导。在"关掉手机"一文中礼仪作家彼得·波斯特（Peter Post）提供了很多有价值的技巧。例如，如果你邀请分散在世界各地的人们参加一次商业决策的电话会议。当电话打进来时，你就可以使用免提电话。但是在开始之前，你应该将每一位参与者介绍一下，并告诉他们你正在将他们的电话使用免提功能。波斯特同样警告不要在办公室使用电子邮件作为个人通信手段：因为你意外地将信件发送给公司每一个人——而不是期望的收件

人——的风险很高。

商业作家戴维·斯托弗（David Stauffer）在"我能用电子邮件道歉吗？"一文中提供了附加的几条建议。斯托弗指出不同的沟通方式带来不同的个性化程度。在选择沟通渠道时，应该考虑一下你在多大程度上想要"人情化"你的信息。例如，如果你要向某人道歉，个人亲自道歉是最好的方式，由于面对面沟通是最亲密的方式，它可以使你通过个人身体语言以及语调表达自己的诚意。如果不可能个人亲自道歉的话，就选择电话交谈；如果还不行，那就用手写字条吧。

如果你决定要用电子邮件来交流情感或敏感信息时，你应该使用两种或两种以上的方式来表达情感，以克服电子邮件众所周知的非个人化缺陷。例如，你应该多使用像"请"、"谢谢你"、"我和乐于向你报告"、"我很乐意告诉你"这样的话语。通过这样做，你将降低阅读信件的人从信件中读到你没有暗示的含义的风险。

在"不要急着按发送键"一文中，商业作家尼克·摩根（Nick Morgan）为有效地使用电子邮件提供了另外几点建议。只有当电子邮件是你需要发送信息的最有效沟通方式时，你才能使用它。电子邮件是传递简短、非正式，同时又需要读写才能实现的信息的最佳方式。不能达到这个标准的信息只能通过其他的沟通方式来传递，比如面谈或者电话。如果要传达的信息一点也不能出现失误时，也不能使用电子邮件。为什么呢？

因为在电脑屏幕上校对文章远比在打印出来的纸张上校对困难。因此,当使用电子邮件发送这类信息时,你要发送的信息包含错别字和其他错误的几率就大幅度提升。

情绪激动时的谈判

在工作谈判中,不管是促成一笔大买卖的成交,努力说服上司批准一个新项目,有理有节都变得尤其重要。不注意控制自己的情绪或者侵略性地维护己方利益是很无礼的举动,一旦做出诸如此类的举动,你的谈判优势将会丧失,甚至更严重的情况是你将亲手毁掉自己辛辛苦苦维护的交易。

本部分收集的文章将为你避免陷入这样的场景提供有帮助的建议。在"当生活给了你柠檬汁的时候"一文中,谈判专家苏珊·哈克利(Susan Hackley)提供了和那些难相处、但在商业谈判过程中又不可避免要遇到的人打交道的策略。哈克利的建议包括:想办法帮助他人挽回面子;让你的对手感觉"毕竟是我说了算的";同样也要通过表现出你正在尽力理解对方观点来消除对方对你的敌意;询问对方问题,并真正的表示出自己的好奇心。另一个有效的技巧是抵御发怒和屈服的潜在可能。相反,"你应该在精神上站到高处,从而客观

地看待争端,并为自己的反应作好计划"。

在"坚持拒绝"一文中沟通咨询顾问霍利·威克斯(Holly Weeks)提供了另外的建议,以帮助你即使在不屈从于上司、同事和下属请求的情况下,也能获得理解和尊重。毫不奇怪,向上司说不确实是一个令人很难作出的选择。你对待自己的方式可以决定制造或者消除保持关系的机会。为了避免受上司的操控而不得不答应不合理的请求,你应该在开始就提出最有力的拒绝理由。如果你选择无关轻重的理由来开始拒绝的话,上司将"因为理由没有说服力而置之不理"。

另一种策略是准确地知道你最容易在哪种说服策略下屈服。眼泪是不是很容易让你放弃自己的立场呢?比如"工会将会了解到这样的消息"这样威胁式的建议是不是也是会让你放弃呢?通过了解自己的弱点,即使对手使用全场紧逼(full-court press)的方式来让你放弃主张,你也会坚持自己的做法。

另外一种谈判误区就是很多经理对自己获取谈判成功的能力过度自信。在"自负"一文中,马克斯·巴泽曼(Max Bazerman)警告人们,尽管自信是一种优秀的品质,然而过度的自信将带来严重的商业问题。比如,某公司的法律顾问认为公司有90%的把握赢取一场数百万美元的诉讼。如果他过分强调可能的积极结果,却对如果他输了这个案子公司将面临破产这个事实轻描淡写的话,他可能会更希望打一场官司,而不是推荐采取庭外和解的方案。因此他将公司推向了严重的财务危机。

为了克服谈判过程中的过度自信,你应该尽可能客观地评估对手方案和位势。对自负的存在和带来结果的简单认知可以帮助你客观地看待问题。同时,在任何谈判之前,你都应该寻找任何可能修订计划的数据。当你勇敢面对自己的议价弱势时,你将增加自己提出对方能够接受方案的几率。

明白谈判中什么时候才是表达情感的最佳时机(也要弄清楚该表达哪种情感),代表了经理们要面对的另一种困境。商业教授玛格丽特·尼尔(Margaret Neale)在"情感策略"一文中提供了解决这种问题的指导方针。按照尼尔的说法,在谈判的不同阶段交易者可以有策略地使用不同的情感表达方式。

例如,"积极的态度带来更大的价值创造"(为达成双赢的交易产生创新性的主意)。鉴于这个原因,在谈判开始就表示出热情和亲切的态度是很有帮助的,"但是研究表明当面对表现出怒气的对手时,交易者作出了更大的让步"(即使他们并不真正感觉到发火)。所以,当谈判双方在谈判的最后环节从创造更多价值转向主张己方权力时,交易者可以考虑表达更多的负面情感。

管理教授亚当·加林斯盖(Adam Galinsky)和研究员凯蒂·李简奎斯特(Katie Liljenquist)在"施加压

力——如何在谈判中威胁对手"一文中探讨了在谈判过程中策略性地使用消极情感的方法。在谈判议价阶段施加压力（例如，一位经理告诉她的上司："如果情况仍旧不能改善的话，我将在别处重新寻找一份工作"）能够唤起对方消极的情感。但是研究显示，当对手将允诺和威胁同时表达出来而不是仅仅作出允诺时，人们给对手的评价更好。确实是这样的，包含着令人不快的结果的威胁似乎更容易激发合作。

但是如果粗心使用的话，威胁将会带来相反的效果。为了明智的使用威胁手段，人们应该清楚何时去迂回使用威胁的手段——例如，当谈判陷入僵局时。同样也需要"有效"地使用它们，有效的威胁表达了如果对手不能提出令双方都满意的方案时，将自己威胁要做的事情坚持到底的一种愿望。有效的威胁同时可以满足双方利益。另外，它也可以保全面子——在谈判过程中保持自尊。最后，它也是严格的——必然的偶然。

正如你所看到的，在工作场合解决礼仪难题需要很多技巧。正如你将在本书选择的文章中读到的，首先明确地叙述提高自己礼仪技巧的方法。例如，你应该首先问自己这几个问题：

> "什么是我最容易陷入的普遍商业礼仪误区？我是不是容易使用含混的'法人式谈话'方式，而不是清

晰、具体的语言？我是不是不分青红皂白地将自己的沟通风格强加给他人？我是否不恰当地使用了幽默？我该采取什么步骤来避免自己掉入自己容易屈服的陷阱？"

➤ "在哪种工作场合我最好踊跃发言？在哪种场合最好保持沉默？例如，我是否应该回答媒体提出的有关公司的问题？我是否应该干涉两个团队成员个人之间的冲突？"

➤ "在处理商业礼仪难题时，我应该采取哪种步骤去采取正确的沟通方式？在什么情况下我应该选择使用电子邮件？语音信息呢？面谈呢？"

➤ "我该如何最好地处理出现于工作谈判过程中的难题呢？例如，在遭遇到对手挫败和怒火时，或者拒绝上司的要求时。"

通过对本书所选文章中提供的技巧和工具的实践以及使用，你将提高自己避免商业礼仪"禁忌"的几率，并且能够沉着冷静地处理最微妙的工作难题。你和公司都将从中获益。

第一部分

避免陷入常规礼仪陷阱

为了避免陷入常规的礼仪陷阱，你必须知道它们都是什么样子的。这些陷阱在商业领域随处可见。这部分收集的文章叙述了粗心的经理们很大范围内会犯的错误。

这些陷阱包括将有争议的变革在未作任何准备的情况下强加给他人，并且不承认由于变革带来的情感变动；在沟通中将业务往来和友谊混为一谈；为了表示高人一等而使用令人费解的"法人式谈话"方式；将自己的沟通方式不分青红皂白地强加于他人；在商业环境中不恰当地使用幽默。在本部分搜集的文章中，你还将发现其他的礼仪"禁忌"。

1. 沟通中断

1. 沟通中断

——经理们易犯的九种错误

斯蒂芬·罗宾斯

管理沟通是如何变得糟糕的呢?让我们细细数来。当然,一些原因是由于领导者特质决定的。例如,由于对细菌的极度恐怖,霍华德·休斯(Howard Hughes)与员工之间的沟通方式仅限于笔记或电话。但是每一个公司都会因为这样的问题陷入混乱。下面我们提出了经理们易犯的九种错误,并指出了解决的办法。

不做准备工作就开始交流

任何有争议的决策都可能造成诡计、阴谋和操纵的发生。所以在向全公司宣布一项有争议的决策之前,你应该先和每一位进行充分的沟通。弄明白谁将反对,反对的理由是什么。在这样做的过程中,你将建立一种联盟关系,即使你不同意他们的想法。

变革的主题是最容易引发情感变化的：重组、战略转移以及核心员工的离开都容易带来不确定的情况；而不确定则容易引发恐慌。

一种解决的办法是为情感命名。如"重组带来的恐慌"。然后，确定人们关注的问题。听众们是对未来感到不确定吗？那就披露你希望公开的信息；是因为员工的离职影响到项目的进展吗？那就将整个计划向员工公开。用你的声音和身体语言向员工们作示范。

撒　　谎

一些谎言是善意的。在讨论阶段的特定主题必须保持机密。但是请注意保持秘密的方式。如果人们知道了你在撒谎的话，你将永远失去他们的信任。一位创业公司的员工在看到公司 CFO 对其他部门的人撒谎时，就开始怀疑这个人的可信度。他开始寻找上司的意图值得他信赖的新工作。撒谎使这个公司丧失了一位有价值的员工。

当有人询问你敏感的话题时，不要撒谎，你应该学着去这样回复，"无可奉告"或"目前阶段我还不能回答所有的问题"都没有错。保持一致性是很重要的。沃伦·巴菲特（Warren Buffett）即使和股东也从来不探讨他的投资状况。结果在特定交易中的沉默让他很少泄露任何信息。

相信说到了就是做到了

我们希望相信逻辑思考和讨论是说服力的原材料,但在任何时候行动往往是最后起关键作用的因素。如果你认为人人生而平等,但是高层主管往往在停车场入口处霸占了停车位,这种含意很明显:身份和头衔起了作用;如果你说你想听到反馈,但是当反馈来的信息是消极的时候,你却勃然大怒,意思很明显:你只想听好听的。在提出行为、价值或目标的标准之前,仔细地看看镜子里面的自己。回顾一下自己最近作出的决策,看看它们是否符合自己平日里提倡的价值观。如果不是的话,就改变一下自己的行为吧。并且确保自己的奖惩结构符合目标的要求,例如,一个声称自己是鼓励外部实践的文化的公司却只对一项新发明进行高额奖励,而对一种现货供应方法置之不理。最终的奖励行为反映了真正的信息。

> 我们希望相信逻辑思考和讨论是
> 说服力的原材料,但在任何时候
> 行动往往是最后起关键作用的因素。

通过提前预见到语言和行动之间的不一致,你才不会被未来的冲击击倒。一位初出茅庐的网络公司CEO认为几个月的产假将会对她给公司的允诺传递错误的信息。所以她花费两个月和员工们为这件事作计划,让自己的期望明确起来,并且在离职期间安排了专门的经理。

权力掩盖真实

你是不是只有在事情变得不可收拾时才听到坏消息?你是不是对这点很惊讶?大可不必。权力越大,你对问题掌握得就越少。这是人类的本性,底层问题在传递过程中被层层过滤和伪饰,这是由于每一位信息传达者都想尽办法粉饰不好的信息。如果你想要对问题进行诚实的评估,你需要听听坏消息,不排斥坏消息,并且要感谢坏消息(原因很明显!)。

信息在层级传递过程中会放大,如果在一场演讲中你表现出痛苦的样子,每一个人都会"知道"你憎恨这次演讲(或更坏的情况是演讲者)。没有人会认为你吃的熏牛肉汉堡太筋道了。这个时候讲笑话是最要不得的。当那位咨询公司的执行主任开玩笑说:"如果你周日没在这的话,周一早上也不会有麻烦了",他的团队不确定该干什么。正如其中一位解释的:"我们都知

道他在开玩笑,我们认为。"

你可以通过使用简单、平静的话语来辟谣。并通过回顾自己的反应展望下一步的计划来结束会议。"我很满意你的分析,克里斯(Chris)。销售的发展趋势确实不容乐观,让我们星期三来继续探讨吧。"

将业务和友谊混为一谈

业务是业务,友谊是友谊。不要在一场谈话中将它们混为一谈。朋友和经理的兴趣并不常常吻合。身体语言表达出来的情感比言语表达出来的更强烈。在演讲前进行预演,以确保你传达的信息准确无误。朋友之间是互相支持、互相体谅并且会给对方留退路。经理的任务则是指导、训练和平衡团队的需求。如果你没有任何工作上的理由而向一位朋友许诺提升他的话,他或她都可能将你的行为直译为对友谊的背叛。

你可以将会议分为友谊和业务的时间段。如果在一场谈话中必须混合二者,应该分清界限。"让我们停止讨论业务,就像朋友那样随意好了。"当涉及到有争议的话题时,你应该始终保持业务谈判的态度。一位经理在一场贸易谈判中向他的朋友评论说,那位新员工不但很有能力,而且也长得很好看。这是错误的举动。在一场业务谈判中即使对朋友进行这样的评论也会损害可信度,或者陷入一场歧视诉讼。

低估听众智商

由于"人们不会理解"而对事件进行修饰是很诱人的。当你能简单地说"这就是组织结构图"时,为什么还要解释重组以后的情况呢?但是不这样做就是一种逃避行为。一线经理可能并不精通组织设计,但是他们有权利知道隐藏在变革后面可能会影响他们生活的变革的深层理由。如果你认为员工们不能理解,请记住帮助他们是你的工作。

许多经理在激励团队工作时都喜欢掩盖问题。但是如果事态发展不好的话,员工们可能都会清楚的了解到问题的状况。即或许他们比你了解到的时间还要早。寻找方法,利用员工的技能解决问题比掩盖这种状况好多了。

以结果迷惑过程

在制定目标、奖惩制度和评估业绩的时候,过程很容易受到结果的影响。你许诺自己的团队将提升10%的业绩,但是最终却只提高了5%。你像疯了一样提升

数字,最终的折中结果是7%。但是团队成员并不赏识这一点。实际上,他们对真相了如指掌,都感到很愤慨。他们怎么可能对你如此努力的工作感觉迟钝呢?

很简单,努力的工作只是个过程,而你的许诺却是一个特定的结果。你想要他们对你如此努力的工作给以荣誉,但是他们想要的只是一个特定的数据。既然他们没有得到它,他们也不会过分关心你工作有多么努力。你想要人们对你奋斗的过程给予嘉奖,而不是结果。但是当评论他人时,人们很容易使用结果来判断。大多数公司由于错误的结果才处罚员工,即使他们做了正确的事情。令人难以理解的是,也有一些公司对正确的结果进行奖励,即使它们是通过错误的途径达成的。

在制订目标或设定标准时,应当同时结合结果和过程两方面来考虑。如果人们有充分的时间自由来达成目标的话,设立一个挑战性的目标会带来激励的效果。不管怎样,为了建立一个强大的组织,在评估时应该考虑成就、知识和进步等各方面因素来奖励有效的行为。

使用不当的沟通方式

不同的沟通方式适用于不同的谈论主题。使用不当的沟通方式很可能将一个重要的信息变成废物或将一个垃圾信息变成突发事件的紧急信息。电子邮件是强有力的沟通工具,但是不要使用它来进行情感交流,因为电子邮件是很容易造成误解。如果你在阅读一封电子邮件时感到局促不安的话,就应该关掉电脑,站起身来,亲自或通过电话来处理问题。

电话和面谈都是令人厌烦、传达信息效率低下的沟通方式,但是很适合讨论情感话题。因为你能够把握听众的反应,并且能够使用语调和面部表情控制自己的信息。"我确信你完成了一个大任务"这句话在电子邮件中可能被理解成讽刺,但是通过正确的语调可以传递真诚的赞扬。

此外,一些人是聆听者,而有些人则擅长于通过阅读掌握信息。聆听者不大会注意手写备忘录,但是在交谈中却全神贯注;擅长阅读者则会写出好的备忘录,并详细的阅读别人的备忘录,但是在交谈过程中却是一只耳朵进一只耳朵出。如果你和一位擅长阅读者交谈或为一位擅长聆听者写备忘录,他们都不会给信息该有的注意。不要羞于询问人们更喜欢哪种接受信息的方式。大多数人都知道答案,即使他们不知道,稍加留心就可以弄清楚。

忽视省略的内容

你没有说出口的信息可能和你说出来的传递的一样久远。如果你不提出表扬,人们就会得到你不赏识他们的信息。如果你不向员工解释清楚决策背后的深层原因,他们就会觉得不被信任。并且如果你不告诉人们公司的发展方向,他们也就不知道该如何努力帮助公司达成目标。

当筹款成为拥有学习性文化公司 CEO 首先考虑的事情时,他就停止和员工们沟通愿景,既然在他脑子里筹款是第一位的,那么他就会注意到财务目标。最终,公司文化会变成只关注资金的文化,公司愿景也会丧失。一位参加 CEO 召开的记者招待会的员工告诉他,她从来没有感觉如此的受到鼓舞。他改变了自己的内在沟通策略后发现将公司愿景在交谈中讲出来对士气提升具有神奇的效果。

由于错误特定的天性,被省略掉的错误很难被发现。回顾公司的主要目标,以及支持这些目标必须的沟通。如果你发现自己并没有定期的传达必须传达的信息,那就从现在开始吧。并询问员工到目前为止由于你的沉默带来了多少错误的信息。确信你给了员工该做什么不该做什么的反馈,并经常询问人们:你从我这里都得到了什么信息呢?

参 考 阅 读

Difficult Conversations: How to Discuss What Matters Most by Douglas Stone, Bruce Patton, and Sheila Heen (2000, Penguin)

2. 言简意赅

2. 言简意赅

肯·奥奎因

一位执行经理在备忘录上写道,公司新招聘了一位"为跨国财务机构设计一种提供任务评测的跨平台沟通产品"的经理。是不是每一个人都真正明白那位经理的意思呢?

一份会议议程这样写道:"会议的目的是为了有组织地优化纠正行动计划的设计和执行,这个行动计划可以提供最佳的多方位平衡、减少冗员、消灭观点分歧,并且确保有效地执行和得到即时的效果。"你知道该如何为这次会议作准备吗?

时常进行无用而又晦涩的沟通是当前美国公司的特色。杠杆作用、协同效应、先发制人、愿景业务等行话和专业术语到处泛滥,但是并没有理由将商业写作变成文辞的堆砌。不管是写备忘录、信件、电子邮件或成绩评估,只有当所写内容能够被读者全部领会,你才算是沟通成功,并具有说服力。这才达到了清晰写作的基本要求:即时理解。

过分使用专业术语和过时的且又被滥用的产品描述术语会让读者烦恼，并经常不必要地将问题复杂化，即使是对主题很了解的读者也是如此。由于人们经常阅读和听到这些词语，所以当作者刚开始敲击键盘时，这些词语就往外翻腾。很多人甚至认为他们需要使用这次词语来让自己听上去更权威，并给读者留下深刻的印象。但是这样做更可能让信息不明确，让读者变得迷惑。

> 很多人甚至认为他们需要使用专业术语
> 来让自己听上去更权威，
> 并给读者留下深刻的印象。

为了避免读者的误解，作者应该将抽象的东西形象化。通过使用一些着眼于使沟通更清晰的简单技巧，有心的作者能够将一个模糊的概念用一幅生动的语言图画描绘出来。

选择精确的词语

在表达巩固（strengthen）和改善（improve）的意思时，为什么使用提高（enhance）这样的词语呢？公司有时声明巩固和改善的步伐应当放慢，其中暗含的意思

是公司去年生产的产品是不合规格的。这是很愚蠢的做法。美国公司是建立在不断改进的法则之上的。人们明白巩固和改善的意思，但不是每一位读者都能立即明白公司使用提高这个词时，其中所暗含的多重意思。

首创精神已经是一个到处使用的词语了，但是当问五个人这个词的含义时，你可能会得到五个不同的答案。是该使用目标、目的、计划还是程序的一个步骤中哪一个词语来表达计划的意思呢？人们通常将这些词用在程序或项目中，这已经是大多数读者能够掌握的了。如果你要表示计划或策略的意思，就可以用以上的词语。

你可以说新软件的性能"由于强化了新功能性而得到提升"，或者（如一位杂志作家那样）说这个软件"捆绑了许多新功能"。第二句话表达了和第一句一样的意思，但是话语上显得更具体更精确。功能性一词可以用以下更明了的三个词语替代：性能、特色和运行规律。这三个词语都可以很快让读者明白其中的意思。

使用更常见的词语

对比和举例能够通过将读者从门外汉变成通家而

清晰地将含义表达出来。美国钢铁公司(U. S. Steel Plant)安全经理迪安·拉森(Dean Larson)曾经使用类比来对一位接受过安全培训的新员工解释吸附作用的概念。吸附作用指的是气体或液体在固体或液体表面积累的现象,拉森解释说这就像"搽拭干净的高档汽车表面上的水珠"。

当有人写出"宽带应用软件,例如网络电视和游戏"这样的文章时,就确保了即使没有接受过很高教育的读者也能理解宽带应用软件是什么?

减少修饰语

人们容易搞混意思的另一个方面是在名词面前加很多的修饰语,例如,这就是个脑筋急转弯的句子:这是一个以海岸为基地、远程的、高频率表面波雷达演示系统。

是什么让这个句子如此难以理解呢?人们的大脑必须看到句子的末尾,然后往回追溯。这不是一个系统而是一个演示系统;这还不够,是一个雷达演示系统。并且是一个特别的雷达演示系统,一个表面波雷达演示系统。并且不是普通的表面波雷达演示系统,而是一个高频率的、远程的、以海岸为基地的系统。

为了不让你的读者做这样的精神体操,你应该将

这样的句子用更自然的对话语言写出来。如：将"业务流程整合技术"写成"帮助公司整合业务流程的技术"。将"空中交通管理系统"写成"一个管理空中交通的系统"。

明确的表达

前任美国参议员以及加利福尼亚大学的语言修辞学教授S. I. Hayakawa建立了一种叫做"抽象度阶梯"的工具。位于最高阶的词语是最抽象的，这是由于它们可以解释为很多种可能的意思。位于最低阶的词语是最精确的。

一个说"我在沟通领域工作"的人可能是一位专业临床医生、电话修理员、婚姻咨询顾问或人造卫星天线安装员。如果说："我在信息技术领域工作"，已经开始将范围缩小，但还留下很多选择的空间。

通过表达信息逐渐明确化，写作者就如同下所写一样不断地从抽象度阶梯上走了下来：

➢ 沟通领域
➢ 信息技术
➢ 电脑
➢ 技术支持

➢ 硬件

➢ 桌面型电脑

有时使用概括性描述就足够表达意思了，甚至表达得更好。但是，我们表达的意思处在抽象度阶梯的层次越低，就越不容易混淆信息。

慎 用 行 话

在写作时人们喜欢使用行话的一个原因是因为忘记了人们说两种语言。工作时，我们说的是行业内的语言。当离开办公室时，人们使用自儿时就使用的语言，这是一种更简单、更熟悉的语言，大脑很容易处理这种语言。我们不能彻底地避免使用行业术语，但是必须要明白，人们应该在我们已经明白如何使用的简单语言和行业术语之间取得一种平衡。

简单易懂的语言通过赋予对话式语言提高了作品的易读性，并且更有说服力。人们平日对话使用的普通语言更简单、短小、更集中，并指向特定的人、物和观点。这些语言将那些平日里不断提防含有"法人式语言"信息的人心联系起来。尤其当他们身处管理阶层时。

乔治·奥威尔（George Orwell）在他著名的文章"政

治和英语"(Politics and the English Language)中写道:"如果你能用同义英语表示出来的话,就绝对不要使用外国短语、科学术语和行业术语。"虽然他是1946年写的这篇文章,但其中的原则在今天还是适用的。

3. 强者是如何变成弱者的

3. 强者是如何变成弱者的
莫西·威廉姆斯

为什么只有少数的管理者成功了，其他的全部都失败了呢？创新领导力中心从20世纪80年代就开始为这个永恒的话题寻找一个全新而又严密的答案。通过对数千案例的研究，他们总结出67个影响工作表现的关键因素。其中包括如下的技巧或特质：倾听、创造力、计划能力、战略思维能力和亲和力。

该中心的公司发展咨询顾问同样发现，那些看上去拥有所有这些特质的有很大发展潜力的经理只不过达到稳定水平。这些人并不是不能胜任分派的工作，相反他们是其他人认为最能胜任本职工作的人选。乔恩·本茨(Jon Bentz)是一位多年来在西尔斯百货公司(Sears Roebuck)跟踪个人职业生涯发展轨迹的专家。受他的启发，迈克尔·隆巴尔多(Michael Lombardo)和一个社会科学家团队决定研究"出轨"(derailment)现象，这是一个临床专业术语，我们将其看为失败。

隆巴尔多指出，他们发现"缺乏资格的人并不是那些出轨的人。通常情况下,出轨者是经常要承受过度高速运转带来的压力"。换句话就是说,他们发现了谁为他们工作,并且不停的使用,使用,再使用。

该研究中心定义了19种当被过分使用时更可能将人们绊倒的力量。如果那些拥有高明的社交技巧——使他人感到舒适的能力——的人,被他人认为是华而不实的话,那么这种技巧反倒是十分过分的。战略思维对于商业计划是至关重要的,但是那些在办公室里通过对主要计划分析就解决问题的高明的战略家往往被同事们认为是阴谋家。有决断力和实干家型的崇尚行动者如果表现得过分的话,可能会被认为是武断或无组织纪律性。对一位工人来说,因为他"把别人都搞糊涂了",所以他会精疲力尽。隆巴尔多这样认为,他现在是组织发展咨询公司 Lominger Ltd. 的负责人。

好了,请注意:如果人们对自己能力过分依赖,那么任何一种能力或资质都可能产生破坏力。Henn & Green & Associates 协会的执行教练格洛丽亚·亨(Gloria Henn)讲了这样一个故事:一位娱乐业经理习惯了对自己最有价值的能力过分依赖,结果让上司与新上司之间发生了很大的分歧。

作为一名有经验的电视电影制片人,她被要求为公司建立一个电影分公司。她简直天生就是一个作家。她的年老的上司也是这样。在一次重组中老上司

被一位直线思维（就是被称之为"最佳匹配"的那种创造型思维）的经理替代，她很快就和新上司发生了争执。新上司想要直接的结果，可她却给他讲故事，他认为她不能有效地沟通。新上司越来越不能忍受她在开会时将会议变为讲故事。由于最近要组建分公司，他需要这位下属和她的创造力，所以就要求她和一位教练一起工作。

最终，在教练的指导下，这位制片人和她的上司互相在风格和期望上作出了妥协协定。当作简要叙述和决策叙述时，她应该使用简略的、"只给我标题"式的风格；在叙述达成决策的概念性工作时，她可以讲故事。对上司来说，他作出承诺会赞扬她的创造力不但对自我感觉而且对公司成功有多么重要。

> 当你过度迅速地活动时，找到办法的速度却会慢下来。

许多其他过度自信于某项技能的人却没有这么幸运，通常来说让他们陷入困境的技能对公司来说很重要，所以其他人都想帮助他们调整自己的行为。那么现在当事人该做些什么呢？有一种标准的补救措施。第一步就是认知。（正如个人成长专家常说的："认知，接受，调整"。）如果你的成绩确实不错，但是成绩评论却不如人意，那么你可能就陷入了这种状态。同样，如果你对自己分派的工作干得不错,但是对自己想做好的工作却干得不好,你也陷入了这种状态。

简·申克(Jane Schenck)是一个大型服务公司的训练和发展经理,巨大的挫败感让她去参加一个测试以证明她的能力已经妨碍了自己的职业和家庭生活。简·申克是一位完美主义者,她用自己的计划编制能力武装到牙齿。但是,她很快发现人们并不是按照她的计划来行事,"我的丈夫、孩子和同事们都不这样做,"她说道,"当涉及到情感领域时,我不能理解人们的情感是如何工作的。我不能认识人们丰富多彩的性格。"在认识到她的压倒性性格导致职业生涯走下坡路时,申克有了清醒的认知,这几乎花费了她三年时间来重新让事业走上正轨。

过度自负的公司

在1990年出版的《罗素的悖论》(The Icarus Paradox)一书中,作者丹尼·米勒(Danny Miller)引用了大量的公司案例,这些公司因为将曾经使其获得行业领先的优势制度化,从而陷入败局。按照商业教授米勒的描述,这些"公司偏执狂"是"那些取得最引人注目成功的公司更容易失败的原因。成功会导致专门化和夸大效应,导致过度的自信和自满,变得僵化和墨守成

规。"通过回想有关罗素的神话——一个有关拥有超强力量的传说,米勒描述了公司成功和优势是如何"常常有时使公司陷入可能会导致衰败的过度的行为"。

曾经是闯劲十足的联合大企业ITT公司由于"放大"兼并战略,直至最终公司变成一个背负不堪承受的沉重债务的权力王国。以微电脑技术驰名的数字设备公司(Digital Equipment)变成"一个单一工程品种"。顾客对更小型、更经济、更具备用户友好界面的产品的需求被忽略了。

米勒说道,这些公司变成了自己的"邪恶双胞胎";是他们前身的"无效率和无利可图的"拙劣模仿。那些数十亿美元的"巨兽型"公司的倒下和个人的出轨有异曲同工之处,这看上去是对事情愚蠢的解释,但是组织基本构成元素是人。微观世界的变化就是宏观世界的体现。

那些过度自负的人需要明白何时收敛自己的强势,何时展示自己的能力,并且需要恰如其分的展示能力。申克逐渐明白了应该何时放慢速度,"不要让别人受到自己狂热心情的影响,"并且为自己的意见寻求一致意见。在这个过程中,她渐渐赢得了公司高层的信任,他们开始逐渐地让她去解决组织问题。最后,申克以此成为公司内部的咨询顾问,并建立了个人组织发展咨询公司。到现在七年过去了,她对自己过去的表

现有了只有很大的成功才能带来的深刻认识："你以为没有人知道；你自以为是压倒性的，其实不然。"

一旦他们获得了必要的认知，过度自负者应该参加类似交叉训练课程的职业生涯管理。参加拓展，从自以为是的状态走出来。多使用那些快要衰退的肌肉吧。仅仅阅读是不能克服这个弱点的，仅仅参加讨论会或训练班也不能。隆巴尔多强调只有复杂的技巧才能产生经验。

最好的拓展课程提供了在别的公司更适宜的新工作。如果不能达到这一点，过度自负者也会通过扩展或转换为他们提供现有工作的任务而获益。危机将会帮助人们成为计划编制的高手。隆巴尔多说"那些我们不能胜任的新事物，为我们提供了成长的机会。"

当然，异常的状态可能让那些过度自负者觉得不安全，并因此更愿意诉诸于他们一贯依赖的力量。所以牢牢把住这个关口是很重要的。申克说"当你变得过度自负时，最好的办法是要将之扼杀在萌芽状态。"诀窍在于发展对自己能力适度的自信。

无论如何，寻找适量的自信并不是严格的测量数据。所以在他当前的咨询工作中，隆巴尔多建议人们采用过时的考虑因素的精神姿态。方法——新新人类很难接受——就是每个人都有责任用谦卑的心来发挥我们最大的天赋。更顽固的后现代派的看法是——至少在某些场合和文化氛围中——谦卑地工作。申克说

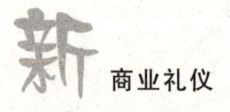

道:"当拥有能力时,你应当不要让别人受到这些能力的伤害。"

不管是对于公司还是个人,古希腊人都认为过度自负的人有一种叫做狂妄自大的悲惨的缺陷。可以确定他们缺少希腊人称为克制(sophrosyne)的个性,所有事物中存在的一种平衡。但是最终或许获得平衡才是赢取持续成功的决定因素。

4. 办公室幽默的使用与被滥用

4. 办公室幽默的使用与被滥用

康斯坦丁·冯·霍夫曼

以下场景是不是很常见:你的团队正在执行一场旷日持久的、艰难的项目。供应商还没有交货,但是最后期限却被提前了。你简直不能想象往后的日子怎么过。你和团队正顶着莫大的压力。最终不可避免的是可能会出现以下两种情形之一:有人讲了一个善意的、充满怨恨的笑话,意思是供应商和最后期限应该拉出去枪毙,这时所有人都笑了,工作还是照原来的步骤进行;另一种情形就是有人讲了一个下流的笑话或有关意大利、西班牙和波兰人的用词不当的笑话,顿时一种尴尬的气氛笼罩着办公室,每一位员工都感到被激怒从而不能专注于完成项目了。

"幽默就如同处方药",康涅狄格(Connecticut)大学的教授和"他们习惯称我叫白雪……但是我不这样认为:女性使用幽默的策略"(They Used to Call Me Snow White...But I Drifted: Women's Strategic Use of Humor)一文的作者雷吉娜·巴雷卡(Regina Barreca)教授说道,"将正确的话语适度地用在恰当的场合才能产生良好的效果,但是当错误使用的时候,它们就会产生危害。"

没有幽默的办公室和员工都是无法想象的,如果你一惯没有幽默感会让你在社会交往过程中品尝到失败的滋味。在这个好争讼的时代,当面对一次法庭传讯时,你很难想起自己曾经讲过哪些笑话。

那我们该怎么做呢?以下提供了一些简单的方法帮助你正确地使用办公室幽默,同样也提供了一些小技巧让那些我们中最没有幽默感的人也会变得幽默起来。

首先,你不应该错误地假设自以为幽默的事情别人也会这样认为。"幽默没有普遍性,"巴雷卡说道,他指出辨认男女之间幽默的简单区别:"女人都不喜欢三个丑角(The Three Stooges),但是女人认为只有男人生病时才会表现得歇斯底里。男人则认为自己生病时不会表现得滑稽,他们认为自己是灾难的傀儡。"

咨询顾问和幽默工作(Humor works)的作者约翰·莫罗尔(John Morreall)博士认为,幽默可以分为排除和包括所有听众两种类型。"'你要去询问型'的幽默是所有听众感觉自己是其中的一部分或将听众的一部分包括了进来,'曾有……型'的幽默则是基于竞争和不合,这种幽默往往针对公司内部。例如,讽刺和贬低他人或对他人进行嘲笑。"

"自嘲和互相打趣显示了互相之间的一种支持。这种幽默不会对组织造成伤害并且会加深友谊。不会让人们感觉到被排除在外"。

莫罗尔认为排斥型的幽默"是糟糕的传统,并且是将某人凌驾于他人之上的行为"。一点也不奇怪,巴罗卡和莫罗尔将男权主义和种族主义笑话直接划入了排斥型幽默中。

这似乎很难从人们表现幽默的方式中剔除出去。莫罗尔说道,包含型的幽默则是基于"我们共同面对一种问题,并且都从中感觉到了相同的苦涩。自嘲和互相打趣显示了互相之间的一种支持。这种幽默不会对组织造成伤害并且会加深友谊。不会让人们感觉到被排除在外。"巴雷卡表示支持这一点:"当人们一起打趣时意味着大家面临相同的处境。"

但是请记住不同的人面对玩笑时会有不同的反应,巴雷卡说道:"男人们会像表达友爱一样表达自己的烦恼。"她强调道,"乔可能会这样说'嗨!博比,你是不是从1974年来一直穿同一件外套。'博比知道这是乔说话的一种方式,他会说:'嗨!你好啊。'但是如果乔对罗伯塔(女性——译者注)这样说话,罗伯塔不会笑,她可能会将自己关在盥洗室,直到从衣柜中找出一件新衣服来。因为女人对别人对自己着装的评价很在意。"

同时,不要将幽默作为一种表达其他情绪的途径。

"许多办公室笑话都暗含着敌意，"公平游戏（Play Fair）董事马特·温斯坦（Matt Weinstein）说道："人们没有将'某些事'直接讲出来的勇气。在玩笑的掩饰下，别人就不会将之当真。"

不管你身处办公室还是喜剧俱乐部，请注意喜剧的第一条原则：了解自己的听众。你越对听众了解，你就越准确地获知他人为什么感觉到可笑。美国国内著名的喜剧家吉米·廷格尔（Jimmy Tingle）经常参加今夜秀（Tonight Show）节目，并经常主持公司的发布会，他说："你的听众不得不确定你正在谈论什么——不管它是什么。"

廷格尔早年就曾经得到过这样的教训：实验的对象是他自以为很了解的两个人——他的父母，他穿得像个布鲁斯兄弟（Blues Brothers），手里拿着口琴，演唱一首名为"The Pooper Scooper Blues"的歌曲。他父母的反应是清楚而又直接的，他父亲看着他说道："吉姆，我是一个爱笑的人，《石头城乐团》（The Flintstones）很可笑，《老爷炮艇少爷兵》（McHale's Navy）也很可笑，但是，你的演出真的不可笑。"

如果你真的一点也不确定听众的喜好，那也不要紧。巴雷卡建议使用这样的经验方法：如果有人将这件事讲给一个从来没有经历过这种环境的人，怎么做才能更有效果。她建议你应该假定那个听众是一位最夸张的听众。"比如曾经做过修女的律师。"

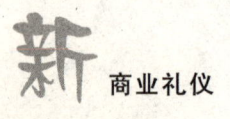

即使你的笑话没有直接侮辱某位听众,如果你不能仔细地辨识听众的话,也可能会遭遇失败的厄运。莫罗尔讲了一位经理的例子。这位经理在某次削减预算大会上给一组员工讲话时说道,情况是如此地紧急,以至于约翰(一位执行副总裁)不得不放弃宽敞的办公室,搬进了小房间办公。由于听众中大多数人都是在小房间里办公,所以这个笑话是很失败的。这是莫罗尔的另一个建议的绝佳例证:绝对不要强调你的位置或权力。亨利·福特(Henry Ford)因为恰当地处理了与员工的争端而天下闻名,他将员工叫到外面问道:"这些产品上面印的是谁的名字呢?"既然克莱斯勒先生和通用汽车先生会笑话这件产品,那么毫无疑问别的人也会这样。

如果性别和种族歧视是被禁止的,那你又怎么能拿这些来开玩笑呢?好好照照镜子。"自谦的幽默通常会得到大家的认可,"马特·温斯坦这样说。莫罗尔也同意这一点:"自嘲可以解除听众的武装,一旦你开展自我批评,人们也不会穷追不舍,这样可以让听众分心。"他举了一个著名的事件,在一场争论中,亚伯拉罕·林肯(Abraham Lincoln)被指控为在一件事情上处理不当,并被指为两面派。林肯在他的年代被认为长相丑陋,这时他看着听众说道:"如果我是两面派的话,我为什么使用这一张脸呢?"

虽然我们鼓励自嘲,但是并不等于鼓励自我贬低。

怎么做才是真正的自嘲呢？莫罗尔说道："在进行自嘲时，选择一些自己做过的次要而又愚蠢的事、一些发生在自己身上的事或者自己名字的另一种形式等等。如果是一些可能会遭到指控或被解雇的事，就不要在笑话中提及了。"

公司甚至也可以使用自嘲来解围。莫罗尔指出，在20世纪80年代以从不解雇员工文明的柯达公司也不得不采取几个回合的临时解雇员工方案。公司发布了一幅制作得如同电影招贴画的海报，海报内容显示公司董事会主席和首席执行官出演了一部新电影：《亲爱的，我压缩了公司的规模》(Honey, I Shrunk the Company)。

但是所有的事情都有一些使用条件，自嘲也不例外。雷吉娜·巴雷卡指出："对没有能力的人来说，不能过分使用自嘲。如果你不停地说：'我是如此的糟糕'你的上级该如何在看待你的表现？但是对一个有影响力的人来说，自嘲是很有效的。"

在使用幽默时，还有其他要考虑的因素吗？"不要拿自己的配偶和孩子开玩笑，"巴雷卡说道，她说她看到很多女性像个孩子一样那样做，"这样一点也不好笑，这样会给别人留下差的印象，因为你开玩笑的对象是你抚养的孩子或选择的伴侣。这是对别人缺乏尊重的表现。你应该不但拿别人开玩笑还表现出了应有的尊重。"

一个令大家失望的事实是我们不能无时无刻地表现自己的幽默。通常有以下两个原因。第一个就是你对幽默的感觉和他人并不同步。他们喜欢"加菲尔德"(Garfield)，而你喜欢 Zippy the Pinhead；他们喜欢"西雅图夜未眠"(Sleepless in Seattle)，而你喜欢《蓝色野百合》(Blue Velvet)。如果幽默表现得冷冰冰或带有讽刺意味时，你应该尤其注意。莫罗尔说，讽刺大多数情形是针对误解的，请记住，他补充道："你讲话的听众人数越多，听众的幽默感统一度就越低。除非对听众有十分把握的了解，我不会轻易使用讽刺的幽默。"

另一个不能使用幽默的原因是你越努力，幽默的效果越差。"因为越是成功的幽默，就越是不用处心积虑地准备的，"莫罗尔说，"即使你曾经接受过这方面的指导，如果你一遍遍地重复同一个笑话，人们也会感觉不适的。"莫罗尔认为真相是大多数人是不善于讲笑话的。这不是说人们有很大的幽默缺陷，只因为表现幽默感是一个很难的工作。"有关幽默的最大问题是笑话是以字来计算的，"莫罗尔说，"一个 16 个字的幽默如果被延长成 25 个字就是失败的幽默。由于并非听众亲身经历，幽默很难被记住。"

"我对人们讲的是，大多数人不会讲笑话，但是很多人却会讲故事，就是那些真正发生在你身上的故事或者你可以描述得如同亲身经历。"他说，"尽力找一两个让你看上去和蔼可亲的小故事讲给听众，但是请注意不要加任何狡猾的成分进去，因为如果这样做，要圆谎是很辛苦的事。"

专业戏剧演员廷格尔说道："这对有些人是很自然的事情。就如同商业，有人有良好的商业感觉，而有人没有。如果你能从父亲和兄弟的建议上找到商业的感觉，如果你想要调整自己的公司，那就表现得像个专家那样吧。"

参考阅读

A Funny Thing Happened on the Way to the Boardroom: Using Humor in Business Speaking by Michael Iapoce (1988, John Wiley & Sons)

第二部分

沟通的时机

商业礼仪的一条核心原则是知道何时是和媒体、员工以及其他人员沟通信息、交换意见的恰当时机,什么时候不是?本部分选择的文章可以为你提供有益的指导。

例如,你可以获得什么时候是回答媒体、下属以及同僚有关公司敏感问题的最佳时机。

你也会找到决定调停工作冲突的最佳时机的建议。另外还有确认公司是否遵循需要披露相关信息的新法案(如萨班斯—奥克斯莱法案)的建议。

正如这些文章所揭示的,广泛认可的"沟通越多越好"的观念就需要重新更正了。

1. 不宜在公众场合发言的时机

1. 不宜在公众场合发言的时机

尼克·摩根

充分沟通比欠缺沟通要好这是一个大家认可的观念。除非已经处在媒体的风头浪尖上，你可能会相信古话说得没错——"向公众披露信息是绝对没错的"。

但是事实上，很多时候在公众面前最好还是三缄其口，即使是你在CNN上露面。例如，很明显的，当你在除了无可奉告外没有任何想说的话时，就应该这样做。在媒体眼中，这样做和承认错误的效果一样好。但是除了这些显而易见的情形，当你作为一个某领域专家在危急关头该怎样做呢？你难道不应该在自己擅长的领域发表意见吗？在其他不太引人注目的时刻该怎么做呢？什么时候最好一句话也不要说呢？我以多年从事沟通顾问的经验举一些例子，就从专家的危机开始吧。（这种情况已经被伪装成保护来自"媒体的质疑"。）

危机发生时,正确面对

危机终于在某个周一的早上爆发了。周末,一位记者发现某公司全速生产的广泛流行的最新玩具有潜在的回收危险。周一早上在开盘20分钟内,公司在华尔街股票市场的股票价格下跌了30%。迄今为止,负责该玩具的销售经理一直是得意洋洋,因为该产品一直走俏市场,人们把他称作未来的玩具天才。但是现在,他却拔掉了办公室的电话线。公司发言人和记者都希望他能尽快召开一次记者招待会。公司到目前为止还没有合适的危机处理方案,虽然这个想法常常挂在嘴边,但却一直没有实现。所以没有人有这方面的经验,当然那位倒霉的经理也没有。他应当怎么做呢?

当然他的做法是不正确的。他的做法表明了这个产品一直存在问题,无形中给了审判律师充分的证据。所以当你面对这样的情形时,就应该抑制住自己想要当英雄的冲动。在这种危急关头清楚该对记者说什么,不该说什么是很困难的。把它留给公司发言人来做,除非收回产品是因为产品给别人带来了伤害。在这种情形下,你最好期望公司CEO在公众面前能有较佳的表现,因为当"羊羔被送到屠宰场"时,公众希望能从公司高层那里听到点什么。总统和一些真正重要的

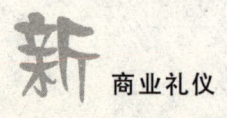

人有发言人也是有原因的。因为他们能够和新闻界保持良好的关系，能够很好地掌握什么时候该披露信息（一贯如此），什么时候一句话也不说（永远不说）。发言人同样比一般人能够更好地利用这样的策略：为了和新闻界保持良好的关系，抓住机会对媒体作事实澄清。

在什么情形下应该不要保持沉默，而是像公众发言人那样面对媒体呢？

发言保持简洁

公众发言并不是汇报大量复杂信息的场合。不管是面对新闻界、公司内部、投资机构或其他部门，尽量使你的发言简洁。如果有大量的信息要披露，你应该提交一份文字材料。即使是受过专门训练的记者也不可能从发言中记下大量的信息，并且很可能将内容记错。

我曾经见过一位政客本来可以轻松获胜，却因为细节问题陷入困境。这位政客刚从受灾地区乘坐直升飞机到达，有人问他："该地区是不是已被宣布为联邦灾区？"正确的回答是："目前还不是，但是很快就会宣布。"但是这位政客防御心理开始起作用，他开始解释该地区正在按部就班地解决灾后事宜，并且政府将对受灾人群进行赔偿,当人们一旦重新恢复正常生活后,将来要做的一些事情等等。在新闻发布会上,人们不可能记住这么多的细节。最后发表出来的文章是"政府并不计划将该地区划为受灾地区",这就是弄巧成拙的例子。

通过抓住事件或问题产品的关键危机作简短的发言能够提高自己的可信度,并且将复杂的问题简化为有限的几个问题。发言人应该提前很好地准备简短回答的关键问题,并进行预演。无论如何,这不是一个自然发生的行为。伴随公众演讲而来的兴奋与刺激的感觉通常在最初的几分钟后会让歇斯底里的感觉逐渐上升,并且很多演讲人——包括在公众演讲方面很有经验的政客——都会在演讲过程中错误地泄露很多敏感信息,却忽略了关键信息。

避免流于形式

一旦公众演讲流于形式的话,就应该问一下自己有没有组织这个会议以及出席的必要了。毕竟,如果没有人在乎你是否出场的话,就不值得精心准备了。只有在不能通过其他方式达到目的时,演讲才最有价值。作一个小测试:问一下你自己,用电子邮件、备忘录、或通过其他一些沟通方式来处理常规事件是不是

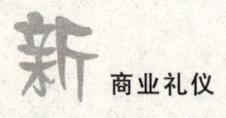

效果更好呢？

风险是你可能像其他人一样将这种经常发生的事情当作偶然事件，并会尝试着去作即兴演讲。大多数人认为当他们即兴演讲时表现得很聪明，但听众却通常不这样想。如果是在很重要的场合，你也应该排练一下即兴演讲。如果不是那么重要的话，就不需要了。

我知道有一种多年来传统上排除女性和少数民族的政治事件。当一位作报告者问另一个发言人他对这种传统的个人看法时，这种政治事件受到了广泛的关注。这位发言人随口回答道："这代表着一种早该在多年前就消失的现象。"这句话说的是事实，但也是即兴发挥的不恰当的幽默。由于发言人所指的是排除，而不是政治事件本身，这句话带来了媒体持续的"九天怀疑"。新闻头条这样写道："发言人抨击国内传统。"所以绝对不要信口发言。如果需要在公众面前讲话，你需要提前练习。

不到时候就不要发言

任何时候当你情绪很激动时，就不要登上演讲台。因为此时，你很容易说出一些将来会后悔的话。公众讲话是一次表演，此时你应该能够控制自己的情绪反应。如果已经被情绪支配了的话，你将付出代价。还记得参议员 ed muskie 1972 年在审判法庭上的表现吗？因为对有关他妻子的事情说谎话，他的眼泪是为这件事让他失去候选人资格而流。只有当记者向你询问的时候才作出反应，否则不要有所举动。你可以和自己的团队商量决定对媒体该说什么。

在公众面前发言，需要热心肠和冷静的头脑。如果情况紧急，你需要作出反应的话，就应该在特定的时刻尽可能快地作出简短而有力的回答。不要发表有关猜测、预言、分析、推测、暗示或其他可能导致事情从直接、已知和真实的方向偏离的言论。在这个过度沟通的年代，很多时候还是少说为妙。

2. 应该披露多少信息

2. 应该披露多少信息

保罗·米歇尔曼

一位新员工走进你的办公室,你抬起头看着他。他因为听到了分公司陷入困境的传闻才来找你的。目前公司的支持度下降,潜在的购买者持币观望。他想从你那里得到些信息。

尽管谣言一点也不准确,那也并非绝对的空穴来风。尽管分公司的部分产品取得了成功,但是大多数的董事们却对这件事有各种各样的看法:一些董事对这个产品单元的长远前途表示怀疑,并且接受了部分并购合同;而另一些董事则对该产品单元的前景保持乐观态度,并希望在未来的几年中将其做大。这件事绝对不可能在几个月内处理妥善。

你该如何处理呢

和其他的经理一样,在过去的几年里,你已经为建立企业内部"透明"制度做了一定的工作,不管是从透明化的数量还是内容上都和下属进行了直率的讨论。公开制度已经取得了很大的成功,在公司内部已经形成了互相信任、授权和承担责任的良好氛围。能够做到这一点很不容易:正如不利的财务数据可能让员工陷入无名的悲观状态当中,好的数据也可能让他们变得盲目乐观。但是基本上,你也可以通过以下手段让员工变得理性起来:帮助他们提高战略和财务的判断能力;在合理的程度上共享公司新闻和财务数据;通过授权让你的团队担负更多的责任,以方便他们基于自己掌握的充分信息作出决策。

但是这样做同样可能会带来另一种威胁。最坏的情况就是事情变得含混不清。如果没有很好的管理的话,共享的信息会带来破坏性的后果。你已经对自己知道的信息考虑了好几周了,还是不太明白该在多大程度上共享它们。你只是在等待权威性的结果出现,但是谁知道它们什么时候会出现呢？现在情况已经很紧急了。如果一位员工听到些谣言,那么所有的员工都会听到。或许顾客们也会听到。任何许诺建立这种透明度的经理终有一天要面对这样的两难情形:该如何处理这种彻底含混不明的情形呢？

建立自己的标准

当你已经认真考虑这样做时,该作出怎样的选择呢?你已经许诺建立开放的环境,并从中得到了很大的好处。但是现在你的声誉正处在危险的状态。如果不采取积极的举措,那么信息可能会自动流传开来(你知道迟早会有这么一天),那样就会毁掉你辛辛苦苦建立的信任感和声誉。

"为了保护诚实带来的经济利益,人们必须建立诚实的感觉,这意味着接受事物真实的一面,并坦然接受真实带来的不快,"哈佛商学院教授林恩·夏普·佩因(Lynn Sharp Paine)在《公司道德:高绩效企业的基石》(*Vaule Shift: Why Company Must Merge Social and Financial Imperatives to Achieve Superior Performance*)中强调:"道德和财富利己主义之间的分歧在短期内表现得很激烈,但是如果建立了长期愿景,这种分歧就可以缩小或消失。"

没错,当人们陷入特别困难的窘境时,佩因伟大的理论可能很难被接受,但是历史不时地在证明了它:一旦行为与你许诺给公众的责任脱节,尤其在一些显要的事件上,信任将不复存在。但是除了不履行诺言外,很多事件也会导致不信任的发生。如果不积极主动地应对这些新闻的话，你也将失去在建设性的场合中挽回颓势的机会。

"人们对不期望发生的事很排斥，但是当他们发现你在尽量隐瞒事实的话会更不开心。"布鲁斯·巴顿（Bruce Patton）说道，他是优越公司（Vantage Partners）的合伙人。"如果有事发生的话，人们一定会知道真相。大多数人会以你对事件的反应来判断你的为人。你思维的清晰程度、分析的说服力、对替换性解释和想法的理解程度以及反应的创新性和降低风险的程度都是他们判断的因素。"

所以问题不再是你去干什么，而是应该怎样去干。

从谈判战略中获取线索

当面对荒谬或者负面的信息时，"主要的风险不再是企图说服或者制造影响，"丹尼·厄特尔（Danny Ertel）说道，他同样是优越公司的合伙人。"人们关心是否能够有效地管理公司，能够依据可信的信息作出正确的决策，能够被公正的对待。"

为了在发布敏感信息时寻找正确的平衡，厄特尔建议经理们思考如下问题，这些问题都起源于谈判战略领域：

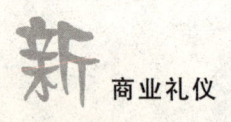

什么是你最关注的？ 在这种情况下，经理们的兴趣点有以下两个方面：和听众保持可信赖的关系以及保护公司的利益。

　　大多数听众关注的是什么？谁将经常会听到有关这个信息的只言片语？ 对部门经理（上层领导首先关注的人）来说，他们最关心的恐怕是自己个人生涯的稳固。他们想要知道将来自己能得到什么。

　　满足这些关注点选择都有哪些？ 当然，这些选择的范围从直率的真话到多种形式的否定，包括什么信息应该披露，向谁披露，什么时间披露，以及在何种情况下披露。尽管最有效的方法随着特定的状况和特定的人员有所变化，但是人们认为正确的选择距离坦率的真话更近一点。

　　什么是正确的标准？ 许多可能的标准可能导致如下的对话：例如，人们通常需要分享没有给听众强加相应义务的信息；私有公司、家族企业和员工持股型企业都需要区别对待。关键一点是：如果你提供的答案让人感觉不是很可信、不彻底，那么你就会遭遇失败。

设定披露制度的基本规则

　　为了为解决我们提到的几种问题提供帮助，最好的办法就是预先设定好能够更好沟通的披露标准。

"基于商业和竞争的理由,公司不可能向员工完全披露信息和执行彻底的透明制度,"健康之路公司的希思·沙克尔福德说道。"但是对外解释发生了什么以及为什么对这些信息特别的保密却是领导阶层的工作。"

丹尼·厄特尔强调道,例如,公司应该限制披露"可能会给竞争者提供帮助或者让供应商乘机利用这种危急时刻大做文章"的信息。

高层领导应该和经理们就适合向公众披露的信息进行对话,厄特尔说道:"我不认为执行层应该对'彻底的公开'负有义务;我认为他们应该对要披露的信息更加谨慎,这意味着在某种程度上以更谨慎的态度去讨论信息及其深层含义;不同时间不同地点采取不同态度;当面对不同的人群时,采用不同的披露标准。"高层领导和经理以及雇员的对话是至关重要的一环:它设定了对分享信息需要承担的责任以及使用这种信息所要承担的责任。

寻求有建设性的方法

希思·沙克尔福德(Heath Shackleford)是健康之路公司(American Healthways)的公共关系经理,他认为在这种情况下,经理们能够不但履行自己的职责,同

时通过转换未来谈话的重点来保护公司的利益。

"经理们真正想知道的是必须做什么来维持本部门的正常运转,"沙克尔福德说,"所以,首先承认确实出现了一些状况,并且承认他感觉到的是正确的。承认这一点是很安全的,因为如果这位经理没有听到风声的话,他不会站到你的门口。"

至此,你应该着眼于你们一起能做些什么来改变命运,并给他一些自主权。

"如果需要得到某些数据,获得某种业绩提升等等,请求他帮助你,或许你需要他来帮助你在短期内稳定军心,以度过艰难时期。或许你需要他监控他负责的某个部门。"

如果你向别人发出你对结果胸有成竹的信息,沙克尔福德强调说,"即使你明确表示不能透露你所掌握的信息也是情有可原的。"

3. 迈克尔·费纳访谈录

3. 迈克尔·费纳访谈录
——以冲突达成目标
劳伦·凯勒·约翰逊

你是不是常常目睹下列场景：公司的两位经理为了权力、职位或工资争得不可开交。这种冲突渗透进了他俩各自负责的部门，两个团队都意识到了这场竞赛，都开始支持各自的上司。很快在这两个对立的部门之间沟通和协作陷入了僵局。

哥伦比亚大学商学院研究生教授（Columbia University's Graduate School of Business）迈克尔·费纳说这是典型的冲突造成破坏的例子。其他"不健康"冲突的表现形式还有，员工们在上司面前争宠、人们为公司对待自己的方式而争论以及破坏他人的职业声誉以提升自己的职业生涯。

不管表现为哪种形式，不健康的冲突通常都会造成同样的破坏：它会逐渐侵蚀人们的注意力，并将人们必须给与公司的精力和注意转移开来。所以这让冲突变得声名狼藉。主管和经理们得出的结论是所有的冲突都是不健康的，并且应该被压制。

但是费纳认为,并不是所有的冲突都是具有破坏力的。"着眼于个人的冲突是不健康的,但是着眼于解决问题的冲突却是有用的。"他说道,事实上,有技巧的领导都会有目的地鼓励针对建议、时间和重要决策的辩论、不合与讨论。"关键决策的风险越高,越需要这种健康型的冲突。"费纳说,"针对解决问题方法的争辩通过参与者脑风暴带来智慧的碰撞通常会产生创新、变革和积极的变革。"

最有效率的领导知道如何将坏冲突的影响减小到最少,并培养和激励好的冲突。这种平衡的行为可以通过建立一种关于冲突的新的思想倾向表达到。

避免公司动脉硬化

费纳说,为了发展有关"主要冲突"正确态度,管理者应当将冲突视为胆固醇。"一旦你将身体中过高胆固醇的负面冲击和适度胆固醇的益处作比较,你就会感觉到受到了启发以改变自己做事的方式。不管你采用哪一种节制和实践——最新的健身计划或饮食组合,你需要减少坏的种类增长好的种类。"

同样的,那些能够认识到不健康冲突的劣势和健康冲突优势的经理能够很好地处理多种层面上的问题。"这样你就避免公司患上动脉硬化。"费纳说。

灵巧地处理冲突带来一种新的领导态度。"仅仅依靠个人权力迫使他人追随你只会产生有破坏力的冲突，"费纳说，"因为人们感觉是受到威胁才不得不服从。你需要的是他们的许诺，而不是顺从。你需要推动人们前进——让人们站到你这边——而不是压迫别人。并且，你需要尊重建立在工作关系上的互相依赖。"经理们应该通过询问几个简单的问题来获知有关自身领导力的最新思想倾向：人们对待我的态度表明了我到底在鼓励他们还是在压制他们呢？

但是仅仅这样做不会产生有效的冲突管理效果。经理们同样必须掌握两种管理每种类型冲突的技巧。

将不良冲突降到最低

当不良冲突在组织内抬头时，许多经理认识不到他们有广泛的选择来应对这种状态。相反的，他们简单地认为最多有两种选择：避免冲突或与一个或更多的小团体进行对抗。

可以确认的一点是，这些反应的每一种在特定的情形下可能都是正确的。例如，如果一位经理相信发生在两位团队成员个人之间的冲突将最终烟消云散，并且不会带来持续的伤害时，他将会认为最好的办法就是忽视它。

但是在其他情形下，面对面的对质才是解决破坏性冲突的最恰当的方法。例如，费纳认为"如果你发现两个来自不同部门的人在追求金钱和权力，那如果你和他们中的一位或全部面谈将是帮了他们和公司一个大忙。你需要指出的是冲突不仅仅对商业有害，同样对个人的可信度和职业生涯也是有破坏性的。如果处理妥当的话，这一点足以说服人们将个人利益放在一边。"

当然，这样的面谈需要一定的技巧。费纳推荐改变自己的谈话技巧以适应听众的方式，并将他的个人兴趣看得高于公司利益。

费纳说，如果经理们找到了超越忽视和面谈之外更好的选择的话，他们就可以更有技巧地将不良冲突减少到最低程度。在《出色领导的50条法则》(*The Feiner Points of Leadership: The 50 Basic Laws That Will Make People Want to Perform Better for You*)中，他列举了其他几种附加的反应：

妥协。寻找一种让双方都满意的解决方法。例如，公司市场总监希望在9月1日推出一款新产品，但是产品经理（长期和市场经理不合）则希望在11月1日。你鼓励他们一致同意在10月1日推出新产品。

授权。要求一名下属使用解决个人利益上的冲突方法的详细跟踪记录。这样做表明了不是每一种竞赛都是公司所鼓励的。

协作。鼓励部门之间开放地谈论它们之间的不合,并共同地解决问题。在开始交谈前承认每一个团队都会有不同的观点。然后让激动的情绪平静下来,通过询问诸如"为了得到最好的方案,我们还能引用什么样的另外的数据"的问题,将讨论引导至评估事实的方向。

开放地探讨冲突导致的损害:"你们之间的不合已经给公司带来了一场内战。我们该如何为自己以及公司解决这场争端呢?"这种做法是很费时的,但是它可以带来最持久的效果。

调和。鼓励一个团队"为了保持前进的步伐作出让步"。如果保持团队之间的关系很有必要,这种做法是最有用的,并且争端不会严重地伤害组织。

费纳认为这种选择的中心点是你越对这些措施的使用了解,在解决不良冲突时你就会越灵活。"当你开始意识到不良冲突的危害时,"费纳强调,"简单的问一下'我的意见是什么',就能够发现最恰当的反应方式。"

"看一看是不是大多数时间,你仅仅依赖一两种解决冲突的方法,如果是这样的话,你应该学会如何使用其他的方法。你需要大量的方法来解决问题。"

最大化良性冲突

在费纳的观点里,良性冲突的关键是积极地交换意见。好的领导者在处置激励"必需胆固醇"式争端和不合有大量的技巧。例如,费纳鼓励经理们不要在争端开始时就作出自己的选择。"你应该只鼓励集体思考,"他说道:"在挑战你的观点时很少有人会感觉到舒服。相反,确认你的想法是最后一个陈述的。"

与冲突共存

费纳说每一个社会系统都会经历良性和不良的冲突,组织也不例外。"人们通常是有野心,并且是结果导向的。如今,不断增长的产生更好的商业结果和华尔街股市的压力,使越来越多的人将自己的利益置于组织之上。但是自始至终,冲突在商业生活中是永远存在的。"最好的领导不会去压制所有的冲突。相反,他们了解良性和不良冲突之间的差别,并且鼓励多样性。他们懂得使用很多方法来化解不良冲突带来的破坏。同时,他们鼓励人们将个人利益放在一边从而寻求解决问题的办法。

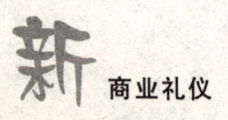

另一个技巧是在讨论过程中注意什么时候一个或其他的参与者会陷入沉默。"当看到这种现象发生时,问一下他或他们正在思考或感觉什么。"费纳同样同意在讨论中指派一个人扮演魔鬼的拥护者能够更加刺激一场生动或热烈的意见交换。

费纳叙述了另一种被认为分歧和赞同的方法:参与者私下里将他们对目前的决策的三项主要看法写在一张便条上。最后将这些便条贴在墙上,以辨识不同和相同点。通过对这些便条内容的讨论与争辩,参与者最终形成一致意见。这种方法保证在决策过程中将每一个参与者的意见考虑进来。

这些技巧使领导者表达了这样的信息:"我需要你们的想法,我需要你们挑战我的想法。"这些思想的碰撞为良性冲突提供了改革和创新的土壤。

4. 林恩·夏普·佩因和埃利奥特·施拉格访谈录

4. 林恩·夏普·佩因和埃利奥特·施拉格访谈录
——管理者、道德规范和顺从

埃里克·麦克拉尔蒂

近年来已经撼动美国公司基石的基于良好判断的犯罪和失误，使得顺从和遵守道德规范等要求已经不能局限于董事会会议、例行会议室或人力资源部了。确实，这些问题已经逐渐成为管理的核心问题，那些不重视它的经理正处于危险的边缘。

在许多公司，这种管理者道德和服从的特定规则正在逐渐成形。为了更好地理解这种逐渐出现的现象，并且为了理解公司所有层面的经理为何都能很好地适应它，我们和哈佛商学院的商业管理教授林恩·夏普·佩因以及外国关系理事会（Council on Foreign Relations）的律师和商业顾问埃利奥特·施拉格进行了一次访谈。佩因是《公司道德：高绩效企业的基石》一书的作者。施拉格为盖普服饰（Gap，Inc.）在全球社会冲击以及在社会责任主动性与全球组织服从方面做研究和写作工作。

超越需求

萨班斯-奥克斯莱法案的规定、新汇兑法的需要以及其他规定是很严格的,并且执行也很有力。但是经理们更需要认清的是顾客和股东们的期望已经发生了变化,佩因说,"人们已经表现出他们更愿意从那些表现良好的公司购买产品和为它们投资的意愿。优秀的员工也只想为他们引以为傲的公司工作。现在不是你选择社会还是财务表现的时候,而是需要将这二者看作一种补充,并且为了竞争的需要,平衡它们之间的关系。"

满足这些期望已经比过去更难了。诸如外部采购、战略联盟和环球供应链都需要经理们认识到整个组织网络的行为和战略——而不仅仅是自己的公司。作为政府失察的第二层出现的非政府组织(NGOs)将会将你的公司和供货商看为一体。因此,聪明的公司往往会抓住一线的经理,因为他们对一线市场上发生的事情了如指掌,要求他们作预算和传输数据时多留神员工、环境和伙伴财务数据的情况。

"随着透明度的不断增强,"施拉格说,"你不能逃离,你也不能对伙伴们正在做什么熟视无睹。"

那么,你该怎样实施杰出的实践呢?你该怎样在

复杂的环球供应链中确保服从呢？在面对成百上千可能为第三方服务的合作伙伴环境中，你怎样才能实现共有价值呢？你该如何让所有的努力和投资在最低限度上实现赢利呢？

从零开始

为了有个良好的开端，你必须从一开始就是正确的。这一点因公司产业和状况不同而有所变化，比如美国公司或非美国公司、公开或保密等等。萨班斯-奥克斯莱法案可以让很多公众公司对服从有更深刻的理解（尽管许多深层含义还有待发掘）。经理们很好的观点是认为管理责任比高级管理更重要。

经理们可采用的具体步骤

➢ 提供充分的、不断更新的训练和清晰的当前系统以使工人和供应商们尽可能简单地遵守。规定越简单，你越容易得到别人的服从。

➢ 通过将服从的需求整合进你的IT系统确保需要服从的人们在正确的时间获得正确的信息。

➢ 经常性讨论价值和责任心。不要等到丑闻迫使你这样做。

➢ 创建结合社会和财务期望的激励措施。

➢ 鼓励对于规定和服从标准的核心内容。最终多数发生在安然公司的丑闻将会变成合法行为,但是如果不服从规定,管理者将毁掉公司,破坏股东利益并最终砸掉自己的饭碗。

在2000年进行的一项美国大公司员工调查中,有一半人认为他们在公司观察到的经营不善是由于缺乏训练。这项调查是在萨班斯-奥克斯莱法案提出复杂的附加层面和新法令的需求之前进行的。

"你需要确保全公司的员工理解他们每日工作必须的相关规定的特定含义。"佩因说。"一线经理对于发现公司员工手册规定的差距和矛盾大有帮助,"施拉格补充说,"规定只有当它足以提供员工必须的知识时才是有用的。一条写着'我们遵守法律并以最高标准要求自己'的规定并不是很好的规定。"

施拉格鼓励经理们认识到给供应商和客户本公司的员工手册副本的重要性。"让他们知道你希望他们也达到这样的标准,"他说,"关键是期望和执行要同步。"

按照施拉格的说法,让标准人性化也是很有必要的。"我知道一位服装公司的经理他经常要造访美国国外的制造工厂。当他去访问时,他经常想象自己的

外祖母就在他身边。如果他看到一些以外祖母的眼光来看不舒服的场景,他知道自己必须留心。对他来说,外祖母是那种让他不能看在眼里然后说:'好了,毕竟他们花费的成本比别人都低'的人。对你来说,那个人可能是自己的配偶或牧师,这并不重要,重要的是用另一种眼光看待标准,不要让自己忽视它。"

以例子来沟通和领导

《财富》杂志1999年对1 000名CEO的研究发现,62%的人从来不在生活中讨论道德规范或对沟通进行录音。"想象一下如果62%的CEO从来不讨论销售和成本控制将会是什么样子?"佩因问道,"公司CEO谈论的话题对公司来说很重要。"

但是一线经理不需要等待CEO的反应,佩因说,通过在部门层面上讨论和对事件进行探询,一线经理们会带来显著的局部冲击力。当发现对自己的上司来说很重要时,下属会更注意道德规范和服从命令。

不要低估神话的力量。每一个公司都有神话——面对巨大的机会时完成了生产任务的工厂厂长、签下大单的销售人员、生产了一种新产品的暴发户,这些神话人物有助于鼓励良好的行为。将这些作出了有胆识的道德行为的人置于聚光灯下,以便于让他们成为他人的榜样。

对同盟者进行奖惩

惩罚和激励对于行为有可预见的驱动力。佩因说,当看到商业丑闻时,你就会发现隐藏在其后的惩罚措施。

佩因引用了西尔斯公司在1990年代所遭遇事件的例子。"制造工误导消费者——告诉他们在车辆长久不用时也需要运转。这些也不全是坏人的主意,西尔斯也不是不可信赖的公司。"但是公司的激励系统只是因为短期增长的利润奖励了制造工,没有考虑到他们所使用的方法。事实上,这种行为没有获得奖励,他们得到的是无意识的惩罚——如果制造工检查一辆车,就会发现这种工作毫无必要,或者经过简单的调整就能解决这个问题。

考察你的奖励和惩罚计划带来的无意识结果

得到的教训是什么?考察你的奖励和惩罚计划带来的无意识结果,佩因说,以评估诸如消费者满意度等因素来平衡侵略性的产品生产目标以帮助你确保不鼓

励日后会伤害公司的行为。

佩因认为大量的有关责任心的研究已经进行了数十年。公司隐性鼓励的行为随着商业在社会中地位的提升，已经提到相应的地位。她预言人们对道德规范、管理和顺存的关注程度会有所减少，但是对于责任心的基本转变还是会保持关注。

管理者需要理解他们的新角色，施拉格说，"你的工作已经和过去大有不同。管理者必须更多地关注如何使用决策来使所有的股东满意。"

第三部分 选择恰当的沟通方式

如果选择了恰当的沟通方式和他人交流思想，你就提高了获得他人协作与支持的机会；如果选择了错误的沟通方式的话，你将会让对方感到不快、困惑，并可能会激怒听众。

怎么才能做到使信息与沟通方式匹配呢？本部分收集的文章将为你提供有用的指导。你将会发现如下一些技巧：何时利用免提电话来接待来电者？何时可以用电子邮件来回应电话和面谈？在本章你也会找到以恰当的方式来表达道歉、抱怨的情绪，以及使个人之间敏感、微妙的沟通变得更加有情有理的方法。

电子邮件在本部分受到了特别的关注，原因是它的非个人的特性以及固有的改变错误信息的难度。

1. 关掉手机

1. 关掉手机

——彼得·波斯特访谈录

作为埃米莉·波斯特（Emily Post）伟大的孙子，彼得·波斯特深谙礼仪之道。他和他的小姨子佩姬·波斯特（Peggy Post）是（*The Etiquette Advantage in Business: Personal Skills for Professional Success*）一书的合著者，这本书为商业礼仪提供了和埃米莉·波斯特有关社会礼仪名著中提到过的相同的明智方法。

这本书诞生在商业礼仪丧失的年代，生逢其时。书中的部分文章撰写者（Richard Bierck）就人们对商业礼仪的误解和如何克服它们对彼得·波斯特进行了采访。

你认为当今最大的商业礼仪问题是什么？

波斯特：毋庸置疑，当今最大的问题是电子邮件。人们陷入困境是因为将电子邮件看作私人文件。其实，电子邮件并非私人所有，它也属于公司事务范围。最典型的例子比如，一位老板和员工进行了工作讨论，这位员工将谈话内容写成一份电子邮件，并且将其发送给一位朋友和包括老板在内的所有员工。但是在发送普通邮件时，人们有大量的机会修改内容并确保发送给恰当的人。电子邮件则不是这样的。

如今在用餐时，一些过分的商业行为是什么？

波斯特：或许最过分的行为就是有些人在参加商业午餐和晚宴时使用手机。最让人感到震惊的是，有些人不但接听电话，还拨打电话。有一次我去佛蒙特州伯灵顿乡村俱乐部用午餐，这时进来三个小伙子，第三个小伙子刚坐下来，其中两个已经等了他一段时间。突然他把手伸进公文包，拿出手机，拨了一串号码，开始通话。其他两个人感到很震惊。他们的身体语言从开始的专心、友好变成了双臂交叉，身体向后坐，开始环顾起四周来了。整个午餐的氛围变得很沉闷。

在这种场合下，人们不但不应该接打手机，还应该关掉手机（包括寻呼机），以表示对别人充分的关注。

另一个与电话相关的问题是：使用麦克风。这绝对是不礼貌的行为。这样做不但让回应者的声音听起来好像他们在海螺壳里面，而且讲话的人也不知道被喊者是不是在这个房间里面。

如果你确实想将某人邀请加入一场对话中来，你应该首先通知打电话给你的那个人，并将他介绍给别人。

可以整场对话都使用麦克风吗？

波斯特：只要是在特定必须的情况下（比如需要多人共同作出商业决策），你是可以这样做的。但是在开始前，你要介绍对方并通知其你将在麦克风中喊出他们的名字。

在你的书中多次提到着装的问题，这是不是当今人们普遍容易忽视的问题呢？

波斯特：绝对是！我认为混乱是由于随意装束和非职业装造成的。如果你穿休闲服上班，人们会认为你对上司有一些不尊重，而这可能会导致混乱，并带来工作上的不利。北卡罗来纳大学（University of North Carolina）的一项研究表明：便装会导致管理问题。我们相信人们通过我们的思想来判断我们，但是我们也知道人们同样会通过着装来判断我们。

因为经理着装相同，一些员工会以为他们和经理有相同的头衔，这是个问题吗？

波斯特：是的。当今商业强调的一点是团队合作。由于团队成员能够一起工作，团队的每一位成员都需要感觉到自己能够全力奉献。所以着装相同或许也是正确的。环境越宽松，我们越需要辨明着装相同带来的问题。

经理比员工着装稍微正式一点(即使着便装的日子)是不是一个解决办法呢?

波斯特:如果公司出现了以上所述的问题,这不失为一个好办法。

为了不使别人感到被冒犯,人们通常会根本不介绍那些忘记名字的人。如何解决这种问题呢?

波斯特:这又不是什么航天技术,没那么精确。有一天我去参加一场会议,乘电梯时,我被介绍给了一位与会者。在开始演讲时,我走到那个人旁边,说道:"我们刚介绍认识不久,但是现在我不记得你的名字了。你能再告诉我一次吗?"于是她就告诉了我她的名字。这是一个有关商业利益的好例子:我忘记了她的名字,于是我承认了这一点,并且再次向她询问。这样做没有人感觉到受了伤害。

参 考 阅 读

The Etiquette Advantage in Business Personal Skills for Professional Success by Peggy Post and Peter post (1999, HarperResource)

2. 我能用电子邮件道歉吗？

2. 我能用电子邮件道歉吗?

戴维·斯托弗

曾经用电子邮件向一位同事道歉吗?曾经通过电子邮件谴责自己的下属吗?还是通过让员工乘坐飞机在全国传递重要的信息呢?

当今人们唾手可得的多种不同沟通方式为人们提供了便利,也提高了生产力;但同时也造成了一些麻烦。由于有如此多的方式用以交流,管理者该如何选择使用最恰当的沟通方式呢?尤其当要传达的信息对听众来说是不好的或者不受欢迎时,这一点更为重要。

我们已经调查了沟通专家和礼仪行家,他们提供了如下建议以有效使用多种沟通方式来传达困难信息:

取决于个人化的程度

面谈是最亲密的沟通方式。其他方式按照个人化的程度降序排列如下:实时电话,语音信息,手写文件,打印或者印刷的信件,最后(也是最非个人化的)电子邮件和传真。按照特定情形和个人偏好的不同,以上的排列顺序会有所变化:手写笔记或许比语音信息更个人化。

如何为即将传达的困难信息选择最恰当的沟通方式呢?"我最关心的是:该如何让信息人性化?""强力礼仪"的演讲者和作者达娜·梅·卡斯佩森(Dana May Casperson)说道,"所以当向别人致歉时,我首先选择亲自道歉,电话沟通是第二选择,手写笔记次之。"

"我的首选是语音信息,""电话医生"南希·弗里德曼(Nancy Friedman)(一位顾问与培训师)说,"其他方式都无法和语音信息相比,尤其是当我们有一些困难和敏感的信息要表达时。语音比字条含有更丰富的内容:音量、语气、音调、音高、停顿等等。如果用字条来表述的话将会丧失以上的信息了。"

但是不要错误地以为最个人化的沟通方式是传达困难信息的较好选择。"电子邮件也可以是最体贴和礼貌的方式"礼仪礼节咨询公司 Uncommon Courtesies 的总经理马里·米切尔(Mary Mitchell)说道,"例如,电子邮件不会妨碍听众的工作。它给了听众在回复前重读和思考的机会。"一些情况下这可能是有利的方式,例如当你要传达的信息是对听众要求的回复时。

不要错误地以为最个人化的沟通方式是传达困难信息的较好选择。

当一种方式行不通时，选择另一种

语音沟通给人们广泛的语音信号，确保你的态度和语言一样被清晰地传递给对方。协作沟通意味着留下证据，这一点在当今这个好争讼的时代显得十分重要。该如何作出选择呢？最好的方法就是同时使用两者。通过使用两种沟通方式，你可以获得语音和写作沟通带来的独特的好处。例如，在面对面的沟通或者打电话的时候，同时使用确认信或备忘录。

在写作沟通中，明确表达感受

由于大量语音沟通传递的信息在写作过程中会丧失，在写作过程中，你需要精确地传递自己的感觉，并且用两种以上的方式表达出来。南希·弗里德曼创造了一种称为"电子语音"的课程来克服沟通失误，这种失误就是很容易发生的"我心里想表达的一种特别的语调，在别人读来却成为另一种感觉"的沟通错觉。

这就是弗里德曼认为的你不可能过度地使用文字来表达情感。"经常地使用'请'和'谢谢'。使用'很高兴来报告'、'很抱歉说'或者'很乐意告诉你',以给读者每一个你能想到的信号和线索来表达自己的情感。"她甚至建议使用直接的、前向陈述说明重要或者敏感的写作信息:"请阅读这份电子邮件以了解我有多么羡慕你的工作,并希望它做得更好。""请从开端部分了解我对上周的会议有多么失望。"

不要惧于面谈

一些特别谦恭的人只有当他们隐藏在车轮后面时才会表现出特别具有侵略性的人格。米切尔说,同样的,我们中的一些人躲在电脑屏幕或电话后面寻求庇护"并且假定自己能够对任何人说任何当面永远也不会说的事。"

弗里德曼称之为"距离导致的勇敢",这就是当人们比较激动时会通过电子邮件表达在面对面时不能表达的情感。不管你采用哪种沟通方式,选择那种就如同对方近在咫尺的语言来表达,不要期望从远离对方来寻求庇护。

不要冲动地表达信息

当今有关在面对挑衅时数到十或者在回应前进行深呼吸的方法在困难的商业沟通中很大程度上都是可行的。草率的爆发会影响职业生涯数年时间,并且当今的技术已经提供了全新的找回遗忘的文档的方法。执行效能咨询顾问比尔·罗伊特(Bill Roiter)说:"你只需要输入了一些精选的话语,并且按一下回复按钮就行了。"

> 草率的爆发会影响职业生涯数年时间,
> 并且当今的技术已经提供了
> 全新的找回遗忘的文档的方法。

"在这样做之前,你必须记得停止并进行再次思考,"卡斯佩森说,"你的可信度将被记录下来,尤其在商业活动中。沟通常常是可以看见的,并且会被他人访问。"

写任何信息时都当作公众信息来对待

在华盛顿反伊朗调查活动(Washington's Iran-Contra Investigation, Col.)中,奥利弗·诺思(Oliver North)很惊奇地发现他自以为已经删除的电子邮件信息能够被恢复,并成为证据的一部分。在写作任何有关敏感信息的电子邮件时你都要考虑到被期望读者之外的人看到的副作用。"在写邮件时,不断地问自己'其他什么人有可能看到这个信息?'"卡斯佩森说,"传真和电子邮件信息很容易被人截取。"

回顾一下你写的每一封电子邮件中的"谁、为什么和什么"(who, why, and what)的信息。咨询顾问比尔·罗伊特建议不断地监控电子邮件内容以防止出现"电子邮件职业杀手"(E-Mail Career Killers/ECKs)。"你也许只是简单回复了同事的电子邮件信息、对上司有关重要项目的初步想法或者讲了一个过分的有关亚洲销售泡沫的笑话。这件事以上司的发音不清的讽刺语在本部门盛传而结束、因为你仓促写就初步想法被误解或者你讲的笑话冒犯了你的伙伴派往法国的同事秘书。"

罗伊特研究了"从电子邮件两个最大的优点当中派生出来的"ECKs。为了防止ECK,他建议在输入电

子邮件时考虑每一句话的含义；时刻记着自己的写作意图；仔细校对电子邮件中包含的每一个信息；并且在校对完成后仔细检查收信人和抄送人栏的信息，以确保自己没有拼错任何一个人名。

考虑好再使用语音邮件

巴克曼实验室（Buckman Laboratories）的一次内部调查表明，平均86％的公司员工在某一时刻不会在办公桌前接听来电。这是许多公司的普遍情况。这就使得致电之前决定如何处理语音邮件变得十分重要，尤其当你决定使用语音邮件传递困难或重要信息时。此次通话信息是不是会被记录下来？如果事情并不紧急并且你需要超过一分钟的时间，或者如果对你来说获得听众的即时反应很重要，答案就是"不"。如果在这种情况下偶然要使用语音邮件，那就向对方要求一个回复的时间或给出一个下次电话联系的准确时间。

但是如果情况紧急或者只允许使用语音邮件时，"那就全部使用温柔策略"南希·弗里德曼提议。她建议使用一种方法来表明自己的底线："很抱歉说我不能准你下周的假。""我不得不告诉你我对你在教育项目中报告很失望。"在这种情况下，确认你使用了充满遗憾和同情的语调，由于许多录音设施的质量不足以传达你想要表达的情感。同时准备好使用好的或鼓励性的信息来补偿坏消息："我确信本月末将给你准假一天。""你在教育项目会议上的着装很好"并且准备好快速的传递所有信息必要的细节,以防止超出短暂的录音时间。如果时间允许,你可以对主要信息给予详细介绍或附加解释。

紧跟上确认和澄清

如果你的困难信息是使用不同于从容的个人面谈或电话交谈的方式传递的话,就尽可能快的接着使用一种直接沟通手段。询问听众是否收到了你的信息,并且确认他是否有相关的问题或反应。这样将会获得好的反馈,并将创造一个对自己的感觉进行调整或详细阐述的机会。"我甚至不相信通过语音邮件或电子邮件传递的信息,"卡斯佩森说,"因为故障和混淆太容易发生了。"

灵活运用

尽管卡斯佩森强烈地建议使用最人性化的方式传递困难信息,她承认没有规则是不可侵犯的。"直到我

接到一封来自朋友的深深地让我触动的吊唁电子邮件,并且绝没有被冒犯的感觉之前,我可能拒绝通过电子方式发送这种信息。"

马里·米切尔指出,在所有的人际交往过程中,"通常有三种选择:一种是完全正确的,一种是完全不正确的,另一种或更多种——某些场合处于前两种之间——是恰当的。"这表明在多种情况下,人们有多种选择机会。如果认识到你能够作出选择,运用你的常识将以上的指导方针熟记脑海。你将通过自己和听众的努力作出正确的判断。

参考阅读

Business Etiquette and Professionalism by M. Kay Dupont (1998,Crisp Publications)

The Complete Idiot's Guide to Business Etiquette by Mary Mitchell (1999,Alpha Books)

Power Etiquette: What You Don't Know Can Kill Your Career by Dana Mary Casperson (1999,AMACOM)

3. 不要急着按发送键

3. 不要急着按发送键

尼克·摩根

1999年,《哈佛管理通讯》(Harvard Management Communication Letter/ HMCL)以黑体发表的一篇文章提出了我们称之为"电子邮件十条戒律"的观点。这篇文章吸引了大量针对这个商业沟通新方式的有意义的评论。现在是时候来回顾一下哪些评论仍旧有意义、哪些需要修订以及是否需要增添新的戒律了。

几年过去了,我们都能熟练地使用电子邮件来沟通了。那些抵御电子邮件的老观念已经消失无踪,实际上,去年使用电子邮件的老年人的增长速度是最快的。但是,一些人们使用电子邮件的坏习惯旷日持久,并且在那篇文章发表后,又出现了一些新的问题。

1999年最重要的问题是铺天盖地的信息泛滥,由于采用了电子邮件使这一现象更加不可收拾。专家将电子邮件称为"理想"的沟通方式,这是因为它很容易实现:人们根本不需要去邮局甚至不需要找一枚邮票。

只需按一下发送按钮,你就可以使自己的思想覆盖全世界。

现在,这种状况已经让人们不堪忍受。几乎每一位公司员工都在使用电子邮件,并且不得不处理大量的垃圾电子邮件。除了垃圾邮件,现在还有很多弹出式广告和其他让人恼火的网络垃圾,这些信息降低了每日从无聊信息中选择有用信息的效率。

我们该如何处理这些更严重的危机呢?CSC Research Services 的研究员道格拉斯·尼尔(Douglas Neal)倡议采取积极的措施控制电子邮件,并强调尤其要教育自己的同事聪明地使用电子邮件。他说:"关键是要自己采取行动,不要被动等待。你要奖赏那些在这方面做得好的人,并向那些做得不好的人解释他们这样做是不对的。不要被这件事搞得焦头烂额,要学会改变!那些静静忍受的人将一直忍受这种痛苦!"

尼尔推荐了两个步骤来解决电子邮件问题。他认为,首先,你应该分析自己收到的电子邮件,列表判断它们是否有用,并观察收到这种邮件的频率。然后,机智地告诉那些定期给你发送无聊邮件的同事不要这样做了。尼尔指出在每个人的心目中信息过载的限度是不同的:有人可能会被一天十封邮件压垮,而有些人则可以轻松处理 100 封邮件。用一周时间为你收到的邮件列表。然后你就可以用分析发现的问题来判断邮件

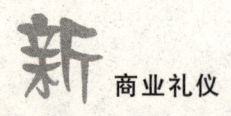

的性质。

从短期看,《哈佛管理通讯》仍然推荐对收件箱进行每日的鉴别分类。浏览邮件列表,首先删除所有的垃圾邮件。然后,采取必要的步骤对剩余邮件分组,就像在办公桌上有一个真正的邮箱那样。效率专家告诉我们每一份材料只能处理一次,当你第一眼看到它的时候就应该决定是否丢弃、归档或者放入"待完成任务列表"。你可以用相同的方法来管理电子邮件信息过载的问题。

除了信息过载的问题之外,我们也从1999年提出的十条戒律中找出了一些有关慎重发送电子邮件的评论。(由于当今电子邮件使用者身份更加复杂,我们对这些戒律作了些微的改动。)

一、只有当电子邮件是最有效的方式时才使用它

1999年,我们指出:"大多数人容易忘记的是它是电子邮件。相对于我们的先辈们使用的信件来说,它确实是很时髦的一种方式。这种时髦的化身最适合于需要读写的、简短的非正式信息。不属于此类的信息最好是使用别的方式处理。"

在当时,这是非常好的建议,至今仍然是很好的建

议。实际上,在今天的沟通方式杂货袋里,我们已经有了更多的选择方式:即时消息(Instant Messages)、文本信息、聊天室甚至包括青少年使用的寻呼代码。

这些沟通方式每一种都更迅速、更便捷,并且更重要的是比电子邮件更容易消失。电子邮件是永远存在的。当你要提交一些能够打印的信息,就应该使用电子邮件。商业活动需求清单应该是具体的要求、质询和反应。换句话说,应该是客观存在的事实。

如果是闲谈、议论、休息、茶余饭后的沟通(water-cooler exchange)等其他一些让人愉悦的商业活动的话,就可以使用电话或其他一种沟通方式,因为它们的记录是不完全的。或者也可以采用面谈的方式!(后文将会详谈。)

如果要发送永久保留的信息,人们可以选择使用真实的信件,使用优质的信纸,用笔签上名字和日期,并且通过邮局发送。在这个变幻无常的数字纪元里,当人们接到一封手写的信件时,所感受到的个人化冲击是很大的。

二、永远不要打印电子邮件

随着时间的流逝,这条评论并没有被人们很好地坚持下来。我们希望能够实现无纸化办公,以节约树

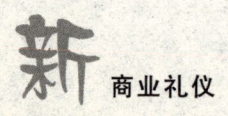

木。但是由于当今社会更容易面对诉讼的状况，你可能希望将发出去和接收到的电子邮件打印成书面材料以保持证据。当然，正如我们已经知道的，即使已经被删掉的电子邮件也能够恢复，谁愿意冒险呢？那就打印出来，花一点时间来默哀无纸化办公时代将永远不会来临这个不可否认的事实吧。

战略和IT专家托尼·蒂诺莫拉多（Tony DiRomualdo）说："人们不应该忘记电子邮件是一个非常强大和持久的沟通方式，它可能会给公司真实而又紧急的危机。安达信/安然公司（Andersen/Enron）的丑闻事件就是一个绝佳的例证。电子邮件如果被用于不良的目的，就可能带来丑闻。如果你不想很多人知道某个信息的话，就不要在电子邮件中写出它。"但是如果你坚持要写一些可能会被控告的信息时，就自己作个记录吧。

三、如果不允许出现任何差错的话就不要使用电子邮件

时间已经证明这个评论是没有错的。我们当时这样说道："在电脑屏幕上是不能成功校对的。"这个道理到现在依然是真理。如果沟通不允许出现任何差错的话，就将信件打印出来、认真地校对，并一行一行慢慢

地阅读,然后再向后一个词一个词的重读一遍。并且记住拼写检查员不可能检查出拼对的错词。你也可以请其他人帮你校对文章。

四、永远不要删除地址簿中的人名

在当时的现实挑战中,这条建议尤其中肯。然而它已经不是我们今天所面对的最有挑战性的问题了。建立随时更新的地址簿可以节约时间,并能很好地利用它。但是这已经没有多大用处了,除非你想大量发送广播类的电子邮件。人们为什么想要那样发送电子邮件呢?人们只有在想发送垃圾信息时才采用这种方式,而这又是信息过载问题的核心问题。

五、不要发送链邮件[①]

自1999年以来,这个恶劣的现象一直没有被彻底消灭!这种行为遭到了大家一致的谴责,并且我们都知道是谁在发送这种邮件。大多数人都承认自己在周

---

① 链邮件(chain e-mail):指的是发送给一个或多个收件人,并请求收件人将邮件继续发给其他多个收件人。信中指出如果收件人将邮件发送给指定人数的话,将会有相应的奖赏,如果达不到指定人数,收件人将会遭到厄运。——译者注

五下班后,乘同事们都离开时自己在办公室里曾经发送过链邮件。

六、当你情绪异常亢奋或疲惫时不要发送电子邮件

这是一条比人们当时理解更彻底的建议。例如,看看微软的例子,key players 发送的邮件将他们自己送上了法庭,这绝对不是他们希望的。这是一个让我们引以为戒的例子。从法律意义上来说,电子邮件隶属于那些提供了设备的相关(link-up)公司。你不能将电子邮件当作个人隐私的东西。正如发生在微软的例子一样,法庭将尽力从电脑中恢复被删除掉的电子邮件。强调一点,绝对不要在电子邮件中写你不希望在法庭上被宣读的信息。

七、不要散布谣言或者影射别人

我们再次提起这个建议是因为回忆起那个在电子邮件中炫耀自己性能力的法国男人,这个谣言没几个小时就被发送给了数千个收件人。不要散布有关活着的真人的错误信息,因为这样做会困扰你。即使你删

除那封邮件也会被技术部门恢复,并被不是你朋友的律师在法庭上阅读。

八、也不要散布就职或可能会就职的公司的谣言

在这个善变的年代里,以上的恶劣行为已经成长起来,并演变为网站。大多数公司至少面对一个流氓站点,它们遭受这些网站的嘲弄、诽谤或诋毁它们的产品。很明显这条建议只适合于遥远的文明年代——1999年的文章这样说。如果你想从那些招聘公司申请一个职位的话,这些网站确实就是很便利的选择。

九、绝对不要用电子邮件替代面谈

通过电子邮件成功完成解聘员工的趣闻只是更加强调了这个观点的正确性。1999年,我们是这样说的,每一位经理都应该将这句话装裱起来放在办公室显眼的地方:绝对不要斥责、奖赏或者解雇通过电子邮件向你汇报工作的员工。自然有更严酷的特殊程序等着那些这样做的人。不管事情难易,我们都将

完成这样的指责归功于品性。请记住，如果你想说服某人做某件事情或有人想说服你，面谈才是最好的沟通方式。

十、使用以下沟通顺序：面谈、电话、语音信息、电子邮件

这条评论依然十分正确：如果想要造成最大的效果，那就召开一场会议吧。在会场上，你与很多人面对面交流。电话虽然无法传输身体语言，但仍然保留了语调信息，并且它是实况的交流。语音信息也保留了语调信息，但它不是实时的沟通。而电子邮件既不是实时的交流，也无法显示语调的细微差别。因此，通过邮件传递的笑话以及人们经常用来抒发情感的虽然烦人但必不可少的小信息经常会造成误解。

最后的结果是：10项有关电子邮件评论中，80%依然是正确有效的，20%已经不合时宜或者变得不贴切了。什么评论是我们当时没有指出，但现在必须提到的呢？只有一条，那就是第11项评论。

十一、电子邮件是可以被黑客利用并获取的，它可能会被用来针对你。只有当绝对必须的时候才使用

如果人们能够谨慎地使用，电子邮件是一个非常有效的沟通方式。但是请小心，那里也是好诉讼者的天堂。

第四部分

情绪激动时的谈判

作为一名管理者，你每天都要面对大量的工作谈判：不管是促成一笔大买卖的成交，努力说服上司批准一个新项目，还是试图激励一名直接下属提高自身的能力。并且在很多谈判过程中，注重商业利益已经变得至关重要了。一旦做出诸如不注意控制自己的情绪或者侵略性地维护己方利益的举动，你的谈判优势将会丧失，甚至更严重的情况，你将亲手毁掉自己辛辛苦苦维护的交易。

本部分收录的文章能够为你避免以上情景的出现提供帮助。其中的策略包括帮助谈判对方在互相争执的紧要关头挽回面子，同样包括管理特别微妙的谈判挑战：对上司不合理的要求说不，以及当对手提出抗议或者拒绝时坚守自己的阵地。

你也可以看到在议价时策略性地运用情感的建议。例如，当你和对手都可能想创造更大的合作利益时，在交易开始时就创造一种温馨、友好的氛围是很有好处的。当双方在交易中争夺利益的时候，适当的表现自己的怒气（即使你并没有真正的发火）能帮助你获得更多的利益。

1. 当生活给了你柠檬汁的时候

1. 当生活给了你柠檬汁[①]的时候

——如何和难相处的人打交道

苏珊·哈克利

马蒂·斯彭斯(Marty Spence)在周五下午关掉电脑,并渴望和家人一起去湖边的家共度周末。他的上司突然走过来说道:"马蒂,我希望你能完成Delcourt项目,以便客户能在周一早上拿到方案。我已经订了飞机票。没有问题,对吧?我知道指望你没错。"

斯彭斯快速计算了一下完成这个项目要花掉周末大部分时间。别人都已经离开了,上司正向门口走过去。如果他不尽快提出反对意见,这个工作就必然得他来做。他开始变得狂躁。他的上司已经不止一次要求他来完成本该上司自己完成的工作了。他应该怎么做呢?

正如《无法说不:从对抗到合作的谈判》(*Getting Past No: Negotiating with Difficult People*)(Bantam Books,1991)这本书的作者威廉·尤里(William Ury)所说的,我们将随时面对与难缠的人打交道的局

[①] 原文此处为lemons,在英语中lemon也有"有瑕疵之物,令人不满意的人"的含义。

面。这些人可能是顽固、傲慢、敌对、贪婪或者不诚实的。每一个通情达理的普通人都可能是他们的对手:十多岁的女儿在前一刻还是一个迷人的小女孩,下一刻可能会侮辱你;你的老板大多数时间可能是能够协作共事和通情达理的,但也可能在周五下午提出不讲理的请求。

坚持自己的阵地

和难相处的人打交道是件有挑战性的工作,要处理好需要有特别的技巧。

在《无法说不》这本书里尤里叙述了和难缠的对手以及难相处的人打交道的五步策略。他将这种方法称为"突破谈判法",这是一种"将面对面的对质游戏转变为肩并肩的解决问题游戏"的途径。

当上司寻求帮助时,马蒂·斯彭斯的第一个反应或许就是进行回击。"你已经在这个项目上投入了三个月时间了,并且我也问过好几次是否需要帮助。我不会放弃自己的周末计划来帮助你完成最后的工作。"如果选择这种方法,他也许保卫了自己的权利但很可能破坏他和上司的关系。另一种选择就是,他可以选择屈服,这样说:"当然了,我愿意为你效劳。"那么他不得不面对失望的家人,并调整自己因为受到不公正待遇而

产生的愤怒。

另一种选择就是和上司讨论一下事情的解决方法。"你急着赶飞机,而我急着出门去接我的家人。对我来说按时赶到很重要。我很乐于为你提供帮助,我多希望自己能早点知道这个消息呀。让我们看看能否想出别的办法吗?"这种反应认可了上司的困境——他要赶飞机,然而也说明了斯彭斯也有自己的义务要完成。这促使他们共同想出一个办法来解决问题(例如,请别人来帮忙,每人抽出半天时间,提交未完成的报告,或者告诉客户在周一下班之前提交报告)。

坚定地说出拒绝的时机

有时即使事关重要问题,你也必须坚定清晰地说"不"。是的,你不必整个周末都在工作;是的,你的家庭预算还负担不起一辆新的美洲豹(Jaguar);是的,你的助手不应该每周在家里工作超过两天时间;是的,你不允许供应商延迟供货超过一个月。在不破坏关系的情况下,你应该如何作出拒绝呢?

在哈佛法学院提供的"谈判课程——如何拒绝……并达成目的"(*How to Say No... and Still Get to Yes*)——上,尤里建议将拒绝夹在两次"同意"之间。首先,对自己的兴趣点和需求表示赞同。然后拒绝过分的需求或行为。最后,用肯定的语气说出自己的提议。

> 有时即使事关重要问题,你也必须坚定清晰地说"不"。在不破坏关系的情况下,你应该如何作出拒绝呢?

在助手想要在家工作的例子中,如果感觉到他的要求还没有达到你要同意的地步,你可一下说出自己的想法:"我希望团队能够一起工作,也希望你能成为团队的一部分。"然后说出拒绝:"我知道你觉得上班花费在路上的时间很浪费,但是还是不能答应你每周在家工作两天时间的要求。"最后,提出一个建议:"我们可以考虑定期给你安排在家工作的时间,也可以考虑安排不同的工作时间来帮助你避开上下班交通高峰期,或者我们也可以考虑给你安排不用到达现场的不重要的工作。"

面 对 挑 战

面对难相处的人的刁难确实很有挑战性,这些人有很多刁难人的方法,包括荒谬的理由、威吓、侮辱、欺

骗和夸大其辞。某些场合,他们可能会攻击你;另外的情形下,他们可能避免和你正面交锋。有时,你或许感到很惊讶;有时则需要很长的时间来和他们交涉。

例如,如果你的前夫经常性的在孩子面前贬低你,不要以相同的手段进行还击。你可以找一个不受打扰的时机和他进行真正的交谈。让他知道自己的做法带给你的感受。鼓励他说出这种行为的真实意图。郑重的询问,并耐心地倾听,然后和他讨论一下在照顾孩子方面双方的共同点。

无论如何,提前为艰难的谈判作好准备。首先,要了解自己。什么是你最关心的事情?什么是最基本的要求?哪些是自己不欢迎的?然后,考虑一下对手可能会给出什么样的批评,你的反应又如何呢?

考虑一下类似的高尔夫球的情况。杰克·尼古拉斯(Jack Nicklaus)认为每一位高尔夫球手都应该定期学习抓杆和对准的基础课程。因为如果姿态正确,则很容易打出好杆。同样的,每一位娴熟的谈判者都应该列出谈判前准备清单。询问自己如下问题:自己的目标是什么?自己的战略是什么?哪些是自己容易获得的部分?就像打高尔夫球需要正确的姿势一样,如果在谈判前有重点地进行了准备工作,你将提升获得较好谈判结果的机会。

建立一座金桥

一旦你和刻薄的对手坐在了谈判桌前,你就需要建立一座"金桥",这是尤里提供的让对手挽回脸面,并让对手将结果看作是部分胜利的方法。即使上司在周五下午闯进你的办公室并提出草率的要求,你也需要用一种能够表达你尊重他为上司的方式说出拒绝;即使你不同意助手在家工作的请求,也要让助手感觉到你很感激他对公司的贡献;即使你为了孩子好要求前夫停止轻视你的行为时,也要让他知道你很重视他对孩子的养育之恩。

那么如何在坚持自己立场的情况下,同时让刁蛮的对手挽回面子呢?尤里建议你可以通过重新组织问题,从而让对手朝着你希望的方向前进。例如,他举了电影导演斯蒂芬·斯皮尔伯格(Steven Spielberg)曾经讲过的一个故事,斯皮尔伯格说,当他13岁时,曾被一位比他大的孩子无情的恐吓。由于体力上的悬殊,所以他不能打败那个男孩,于是他改变了游戏规则,他邀请那个男孩在自己制作的电影游戏中扮演一位和纳粹打仗的英雄。正如斯皮尔伯格所说的,"我让他在电影中扮演一位头戴钢盔,身穿军装,背背行囊的班长。从那以后,他成了我最好的朋友。"

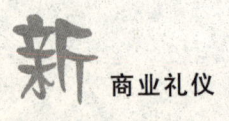

这个故事蕴含着这样一个重要的含义：和对手一起寻求解决之道。不管你的理由多么的合情合理，一个刁滑的对手未必全部同意你的建议。你可以给他如下的选择：你喜欢在我的办公室还是在你的办公室谈判呢？我可以提供一次性付款，也可以分期付款，哪一种对你有利呢？

人质谈判专家总会寻找途径和人质挟持者建立和睦的关系，并尽量不使他们丢面子，他们希望这样会使人质挟持者变得理性一些。不管人质挟持者的要求是一个道歉、和爱人的一次对话、一杯茶还是为他们申冤，谈判专家都会仔细地倾听。他们会认真地作笔记，期望能从中找出能够让人质挟持者平静的方法。

同样的，你也应该小心仔细地倾听对手的要求，从中找出深层次的原因。一位并不寻找尽力寻找办法达成一致以卖掉公司的股东可能对出售公司有深层次的矛盾心理。他可能希望在新的合资公司里担任职务。

积极的倾听者

如果要找出成功谈判事实上的共同特点的话，那就是做一个积极的倾听者。尤里的观点是不但要听懂别人说的话，还要听出言外之意。人们常常说要积极地倾听，但是却从没有做好。这是一个需要不断练习、仔细揣摩的微妙的沟通技巧。高明的倾听者善于通过从对方立场出发、询问开放性的问题以及鼓励对方说出困扰他的事情让对手解除心理武装。除此而外，尤里还说道："对手需要知道你已经听到（并且理解）他的话。"所以，在听清之后，你可以总结一下你对他的话的理解，并用他的话重复一遍。

尤里重点指出："如果你想要对手认可你的立场，那么首先认可对手的吧！"并且你会发现除此之外你别无选择，还有什么别的方法能够解除僵局呢？

谈判突破

在《无法说不》这本书中，威廉·尤里提出了和刁滑对手谈判的五个步骤，不管对手是老板、同事、顾客、店员还是配偶。

1. 不要发怒，保持冷静。 当碰到刁滑的对手，人们的第一反应可能是发怒或者选择放弃立场。为了谈判成功，你应该让自己平静地面对别人的非难，并准备自己的对策。不论任何时候当你感觉到自己的怒火快要爆发的时候，首先应该尽量让自己平静下来。

2. 从对方的立场考虑解除对方的心理武装。 一个最有效也最困难的步骤就是尽量理解对方出发点。向对方询问问题，并真正的表达自己的好奇心。

3. **改变游戏规则：不要抵制，重新设计**。你不必参加刁滑的人设计的游戏规则。不要陷入期望或者固定态势的争夺战，你可以考虑为谈判设计新的规则。

4. **让接受变得容易**。建立沟通的金桥，寻找方法帮助对手挽回面子，并让他感觉至少在某些事项上正在达成目标。客观地使用公平的标准有助于在双方利益间建立一座桥梁。

5. **让拒绝变得艰难**。让对手理性而不是感性地对待谈判。运用自己的权力和影响帮助对手认清事态。如果对手理解了谈判的结果和你的选择，他会开放地对待谈判。

你不必喜欢他们

和刁滑的人做交易，并不意味着你喜欢他们或者屈服于他们，而是意味着你接受他们的观点。

拉赫达尔·拉希米（Lakhdar Brahimi）是9·11恐怖袭击之后联合国特派阿富汗外交使节。他接受了一个高难度的任务——和军阀以及那些造成多人死亡的人谈判，以建造一个稳定的政府。他谈到了和刁滑的人谈判的迫切性："好人们都在巴黎努力阻止战争，而我们不得不和发动战争的恐怖分子谈判，不管他们看上去多么的恐怖……如果我不去和他们握手谈判,我就不应该接受这个工作。"

不管你是和危险的恐怖分子还是和轻微发火的好人谈判,得到期望结局的技巧都是相同的:找出对手的兴趣点,并创造满足其需求的谈判方式。如果你取得了成功的话,就可以将对手变为朋友。

2. 坚持拒绝

2. 坚持拒绝

霍利·威克斯

杰·费舍尔（Roger Fisher）是一位谈判专家，也是很有影响的《取得谈判成功》（Getting to yes）一书的合著者。他曾经告诉他的法律系学生有时自己倒希望写了一本有关拒绝的书。他说自己并不是不会拒绝，而是不能坚持自己的态度：当家庭成员感到失望或者联合起来给他施加压力的时候，他将会放弃甚至投降，而不得不做即使自己不喜欢的事情。

和费舍尔一样，大多数人都希望让别人感到惬意，都希望自己是一个好相处的人。首先，接受别人比拒绝别人更让他人喜欢我们。另外，拒绝是一件让人讨厌的事情，有时甚至有更严重的后果。尤其是当拒绝资格比自己老的人时，在坚持拒绝和避免麻烦之间作出选择总让人们感到相当的紧张。

人们都不愿被拒绝，这点毫无疑问。对一个人说"不"意味着拒绝——别人的意见、别人的期望以及优越感。结果,大多数人都尽量将别人的拒绝转变为接受。这意味着我们必须在两方面平衡自己的情绪:一方面是由于坚持不受欢迎的拒绝所带来的不适;另一方面是对手在听到拒绝时的愤怒、失望和发火。

当然我们可以通过放弃拒绝来解开这个戈耳迪之结(Gordian knot 弗利吉亚王国的戈德斯国王打的一个非常复杂的结。有个预言说谁能打开这个结,谁就是亚洲的下一个国王,亚历山大听到了这个预言后用剑把这个结砍开了——译者注)。但是最终,不坚持拒绝的结果将带来更大的伤害,它将伤害你的自信、破坏你与他人的关系并削弱你专业方面的可信度和有效性。

如果想要减轻坚持拒绝带来的紧张感,我们应该更好的思考的不是是否坚持拒绝,而是如何坚持拒绝。

他人反对的诸多理由

无论如何,首先要弄明白为什么对手想要"转变你的拒绝为接受",并将自己的情感反应调整到他们努力的方向上。

商业文化

他人要求你放弃拒绝本质上并不是对你的侮辱,

"转变你的拒绝为接受"是商业文化的一部分。如果你想保持心情平静的话，就不要将对方想要纠正拒绝的想法视为对自己尊严和可信度的冒犯。

个人经验和期望

对手的个人经验和期望可能是他对你的拒绝作出反应的决定性因素，而不是你们之间的个人关系。他表现出来争辩、诱骗、吃惊或者愤怒的神情，只因为这是他对待拒绝的惯用方法。

我与一位律师曾经有过一次会谈，在会谈中，我始终坚持拒绝直到最终被他的观点说服。结果，在我接受他的观点后。他还在不断地劝我改变自己的主意。最后我忍不住笑了："彼得，我已经同意你的观点了呀。"

他停顿了一下，说道："大多数情况下，人们并不接受。"

背 景

坚持拒绝总是有原因的，有时是人际关系方面的，有时则不是，这些原因使得你的拒绝很难被接受。这是很普遍的情况，例如，有些人在私底下能够接受拒绝，但是在公众场合接受拒绝却感到窘迫。她希望你作出让步可能只是为了挽回面子。

不是所有出现在坚持拒绝和努力纠正拒绝之间的矛盾都是有害的，但是这样的情况还是存在。有害的矛盾将谈判变成双方期望的竞赛，总会出现一方胜利另一方屈服或者放弃主张的情况。这将导致双方关系僵化并常常出现报复行为。

自己的反对

当对手对拒绝的反抗很难处理的时候，部分的问题可能出在自己这一方，即使看上去不是这个样子。大多数人都被教导不要拒绝别人而不是如何坚持拒绝。随便翻开一本流行杂志，随处可见教导人们决不要对一个问题说不的文章，相反，希望坚持拒绝的人们却很少得到指导。由于缺乏相关的实践指导，人们的反应就显得过于情绪化。

坚持拒绝使人们陷入两种困境。一方面，我们不希望变得消极；另一方面，我们不想被人排除在外。如果你很不愿意变得消极，或许你会削弱拒绝的力度。很自然你会很绅士地坚持自己的拒绝，但这样带来的后果是你的拒绝不被人放在心上。

如果你很不愿意被他人否定，在坚持拒绝的想法时你可能会变得好战。对你来说，谈判自然变成不愉

快但不得不尽快完成的事,而不是打持久战。这种战略的问题在于你不得不花费大量的时间用于事后的弥补工作。

这两种情况下,最好的方法是改变自己说出拒绝的方式,而这是你可以控制的。你需要学习说不和中立的坚持拒绝的技巧——简单、清晰、直接地阐明自己的拒绝,并且使用不会轻易被对手削弱的争论方法。

中立的拒绝

中立的拒绝是坚定、不受影响的,并且很清楚明白。中立的拒绝真实地表现了拒绝的真相。它不是严苛的,也不是好斗或者忏悔;它并不意味着不情愿或者折中,它也不是过度的挑剔。中立与挑剔是两码事。即使你确实做得很对,也请使用中立的拒绝方式。

通过坚持中立,你会着眼于对交易的拒绝,而不是针对个人。如果你开始的拒绝是尝试性的,第二次的拒绝是无礼的,第三次的拒绝是刻薄的,那么不管你的意图是什么,都不要陈述给我听,那不是我的工作。开始的时候你给予我希望,但是紧接着你却大发雷霆。这对双方建立良好的关系和你的声誉都是不利的。

你应该具有裁判员的风度,他们说出自己应该说的话(对有些人是好消息,对其他人来说则是坏消息),

却从来不会理会这些话可能带来双方强烈的情感反应。裁判员的工作是中立地传达信息，并中立地面对由此带来的挑战。

中立的态度不会妨碍你直接讲出坚持拒绝和尽力转变拒绝之间的矛盾。"让我对你说'不'很困难，对你来说听到'不'一定也很困难"这样的话语就是中立的态度。在如下几种情况下，你可以用自己的方式以中立的态度说不：

➢ 如果知道或者怀疑对手抵制你的拒绝的原因，你可以真诚地承认对方所关注的事情，但不要给他任何希望。"你们已经对所询问的项目进行了大量的投资，看上去好像是我个人妨碍了你们的利益"。同时给出理由或证明你的拒绝是正确的。"我将自己的工作看作是需要平衡各方利益，同时竞争又是不可避免的。我只是针对这一点来工作的"，难道你不想创造一种公正开放的谈判方式吗？有时确实是这样的。但是坚持拒绝的目标不一定是让对话被一方的声音所终止。

➢ 如果你的理由是精心挑选出来并且中立地表达了出来，那么就坚持它。不要用不同的论点来堵截对手，变换论点并不一定会带来累积的效果。

➢ 某些情况下，你或许会告诉对手你会同意某种提案。这并非坚持拒绝的基础，而只是一种选择和谈判的

开始。如果你选择这样做的话，那就等着对手来不断地发问吧。

要求与禁忌

针对事件本身，不要针对个人

你的工作是坚持对我的拒绝，而我的工作是要纠正你的拒绝。大家都没有错，我们只是在追求不同的结果罢了。这有助于将双方的推拉游戏看作是如何解决双方争端的诚实的辩论。

> 将双方的推拉游戏看作是
> 如何解决双方争端的诚实的辩论

清楚自己的底线

对手可能会使用不同的策略来让你收回自己的拒绝。只有当你感觉到对手使用的策略让自己受到攻击时才会采取行动。哪种观点才会感动你？应该使用哪种策略？看到别人流眼泪时，你会递上面巾纸吗？大多数人都知道什么使自己受到了攻击。例如,只因为一位对手觉得你的拒绝令她很失望并从情绪上感觉很失落让你心情大坏的话,你会因为不能达到预先的期望,从而受到损失。

态度坚决并鲜明

如果信息很复杂并且掺杂了情感因素的话,人们很难选择出恰当的信息来理解。当感到不快或愤怒时,有人用武断的拒绝作为他们的武器,即使你只是想尽快结束这场令人尴尬的对话。另外,不善于坚持拒绝的人经常会过分地利用道歉来坚持拒绝。他们表达了自己的拒绝,然后会为之感到抱歉,并且希望别人原谅自己坚持拒绝,这些行为可能会同时出现。这种做法暗含的意思是"我想坚持自己的拒绝,希望你还能喜欢我",这是很难理解的,但更重要的是,如果人们不想听到拒绝的话,是很容易忽视这点的。

不要削弱拒绝的力度

奇怪的是,很多人会采取这样相反的举动。他们开始用无足轻重的原因说出自己的拒绝,隐瞒真实的、重要的原因。因为这样不能说服对手,所以会遭到他们强烈的反对。为了不扩大双方的矛盾,你应该起初

就给出恰当的理由。

一位行政助理曾帮助同事完成了并非自己责任的工作。现在他必须学会不要事事都答应别人，因为那样他会被累得半死。第二次当同事习惯性地要求他帮助复印文件的时候，他说道："我必须拒绝你，没有管理好自己的时间真的是我的错"。同事并不认可他没有管理好自己的时间这件事，事实上，她曾经称赞过他管理时间的能力。同事并不接受执行助理有时间管理错误的理由，也没有接受他的拒绝。

执行助理因为潜在的怕别人会为他没有提供帮助这件事而批评自己，但是他却自食其果。他削弱了自己拒绝的力量。

小心被滥用的同情心

当因为自己坚持拒绝而让别人感到失望时，大多数人都会真诚地感到遗憾。但是请小心仔细地坚持自己应该拥有的合法权利。

一对新婚夫妇因为新银行拒绝了他们的抵押申请而感到惊讶和失望。银行工作人员也认为这是一件令人失望的事。她仔细地聆听他们的抗议和争辩，在坚持拒绝的同时不断给出建议。但是当这对新人走出她的办公室时，她说："相信我，我对这件事的感觉和你们一样糟糕。"这对新人转向她，愤怒而又严厉地说："不，你没有。"

因为强调自己的痛苦和他们一样,这位银行工作人员破坏了她有理有据的拒绝。对于必须接受你的拒绝一方来说,他们从来不会认为你们有同样的感觉。

避免战争态度:"我不会投降,你们输了"

不是所有的人都会尽量软化他们的拒绝。一些人说出拒绝的方式显得杀气腾腾,他们将坚持拒绝看作一场不断升级的战争。如果你将坚持拒绝看作一场意志较量的战争,那么你也是那些人中的一分子。当人们将坚持拒绝看作意志的胜利,那么就不会作出正确的判断,获取该得的收益。

不要给人假希望

如果你试探性地说出拒绝,或者表现出不情愿的样子,这些举动都会让对手错以为你会改变自己的拒绝,这样将很难说服他们接受你的拒绝。这样看上去就好像你的拒绝处在转变为接受的边缘,所以对手会受到孤立坚持自己的抵抗。积极的态度预示着你绝不会放弃自己的想法;相反,犹豫的态度预示着你准备投降。

积极面对而不是避免坚持拒绝的状况

如果你想在面对争论和激怒你的策略时坚持自己的拒绝并表现得更好,和那些会玩命抵抗拒绝的人进行一场较量很有意义。这样比等待真实的情况发生,大家一致反抗你的拒绝要好得多。

你必须坚持实践,源于以下四个原因。(1)这样做你将坚持自己的主张。(2)这样做才不至于意气用事。(3)你将明白什么状况下你会坚持拒绝。(4)你将弄明白你是否是真正地想坚持自己的拒绝呢?还是你应该接受对方的意见?

3. 自负

3. 自负
马克斯·H.巴泽曼

你是否经常会听到有朋友或者同事将一场谈判比喻为如"探囊取物"般容易,直到最后才发现这场交易是竹篮打水一场空?每次谈判的分崩离析总可以找到一个合适的原因来解释它。其实,事实是大多数谈判者对于双方达成一致的机会过度乐观,并且当双方竞价时,大多数谈判者会过高估计对手接受预期价格的能力。

在谈判或者生活其他方面存在一个比较普遍的认知偏见,那就是自负,自负将导致人们对成功产生不切实际的期望。心理学家阿莫斯·特韦尔斯基(Amos Tversky)和丹尼尔·卡尼曼(Daniel Kahneman)以抛锚来解释自负。在评估状况的时候,人们会以自以为正确的方式开始(例如,在谈判中谈判者会以为对方会接受自己的要求),不适当地从停泊点(达成一致的价位——译者注)偏离,从而忽略整个过程的可能结果。从停泊点偏离的失误使人们误以为起初的估计对达成目标有益。

在过去的专栏文章中,我们已经讨论了影响谈判的多种偏见。为什么生活中轻松建立的认知障碍如此难以撼动呢?一个主要原因就是因为自负。许多偏见的影响都具有雪球效应,这种想法能够使个人对自己判断的自信变得非理性。自负极有可能使适度的或者困难的事件突然爆发,例如面临复杂状况的经理人听到坏消息时或者在压力谈判过程中。

你是否自认为对自负有免疫力呢?通过以下的小测验就可以知道。

以下所列的是从 *haper's magazine* 最近的短文中收集的 10 组无规律的数字。另取一张纸,将你自己对每一项的估计数字写下来。然后,为自己评估的数据设定上下限,以使自己有 98% 的自信认为评估的数据接近现实的数据。

请不要查询相关的资料,也不要翻到本文后面查看答案。

A. 截至 2003 年,全球政府渔业的补贴总额。

B. 截至 2001 年,美国 18 岁以下青年每天变成固定烟民的数目。

C. 2002 年,利比里亚国民生产总值数目。

D. 在联合国所作的 122 个国家水质评估中,比利时的排名。

E. 世界卫生组织为防止感染囊尾蚴,为儿童接种牛痘。评估2001年为745 000名儿童接种牛痘的成本。

F. 2002年美国立法者的平均薪水。

G. 2002年游说一名美国州立法者的平均成本。

H. 按照最高检查官出具的报告,截至2000年,美国国防部门的花费总额。

I. 1995年~2000年,有价证券违法者造成国家资产流失的总额。

J. 匈牙利人的肥胖程度在世界所有国家中的排名。

在这10个数据中,你的回答有多少个接近真实的答案呢?可以看看本文最后的答案。如果你对自己评估能力的自信程度达到98%的话,那么你回答接近正确答案的数据就应该近似于9.8,也就是说你应该答对9道题或者10道题。

你的成绩怎么样呢?如果评估结果中有9或10个数据十分接近事实数据的话,那么你对自己评估能力的自信是建立在客观基础上;尽管你对自己的评估能力有98%的自信,但如果成绩和大多数一样,只答对了3~7道题的话,你的评估能力也只有30%~70%。换句话来说就是,如果成绩和大多数人一样的话,你的评估能力不过尔尔。

> 在评估中立第三方的状况和第三方
> 接受自己观点的可能性时，
> 人们或许会变得自负。

你或许会认为这些问题设置并不公平，谁会持续关注环球渔业总津贴或者比利时的水供应呢？这正是问题的考查点。当自己对某些问题没有把握的时候，就勇敢地承认吧！在回答这些问题中获得优异成绩的人也认识到了问题的不确定。考虑到自己的估计会有很大偏差，他们通过设定很宽的上下限数据来保证不至于偏离太多。

自负是人类的一个基本偏见，这使得人们在琐碎的问题上很难有大的成就。这一点在工作场合表现得尤其普遍。据研究，在军人、中央情报局（CIA）工作人员、首席执行官、审计人员、谈判专家和大量的为我们提供精确信息的专业人员中，这种现象普遍存在。

工作中的自负

你或许会有疑问，自负真的一无是处吗？毕竟，自负或许给了你担当重任的勇气，提升了你的能力，使你在人生的舞台上尽情地表现自己。莫名的自信在很多

场合确实很有用。但是请考虑一下过度自信在以下工作困境中的潜在的反面效果：

1. 作为一家卷入数百万美元诉讼案公司的首席法定辩护律师，你有90％把握打赢这场官司。你的把握是否大到了拒绝庭外和解的程度呢？

    现在假设如果输掉此案，你所代理的公司将面临破产厄运。在这种情况下，你是否能对自己90％把握的估计泰然自若呢？

2. 你的公司是一家汽车制造公司重要零件的主要供应商。近年来，双方每年的合同额平均都在300万美元左右。今年，这家汽车制造公司对供应商资格进行拍卖，并且有七家别的公司都进行投标。而且考虑到自己的产品在行业内独占鳌头，你们公司从去年开始逐渐提高了价格。

    你有80％的自信认为己方会是这次投标胜出者，但是如果投标失败，公司将不得不关闭一家工厂并裁员1 500人。你是否还乐观地认为有能力拿下合同呢？

上面描述的严峻的问题——破产、裁员、信任度的丧失——都可能源自于自负。对自己能力的自信是获取人生成就不可或缺的部分，而自负则可能会是有效职业决策的障碍。

147

> 当自负妨碍了理性思考和分析的时候，
> 可能导致破坏性的后果。

美国职业棒球大联盟（Major league baseball）为我们提供了运动中有关自负的鲜活案例。当一个球队和球员不同意奖惩措施的时候，球员和所有者可以给仲裁人提交最终提案。在最终裁决中，仲裁人可以权衡提案，并接受其中的一个，这里并不存在妥协。对球员和所有者来说，提案的目标是比对手更接近仲裁人对恰当的奖惩措施的理解。

玛格丽特·尼尔和我曾经询问过谈判者，在一场模拟最终提案裁决中，仲裁人采用己方提案的概率有多大呢？由于仲裁人必须从两个提案中选一个出来，每一个独立提案被选中的总概率均为50%。平均来说，谈判者都认为自己的最终提案有68%的概率被仲裁人选中。他们认为己方提案被选中的几率比事实上的要多18%。在评估中立第三方和他们接受我们观点的可能性时，我们都可能会变得自负。

这种自负消除了妥协的可能。如果确认自己能够获得胜利，为什么要妥协呢？放弃明智的妥协通常会带来对交易的失望感。

抑 制 自 负

保持客观可以有效抑制自负的产生。例如,在一场仲裁交易中你对对手提案和仲裁人态度的判断越客观,你就越能更好地运用这种战略信息。

那么如何提高自己的客观性呢?首先,一个好的消息是:针对存在自负的简单训练对于消除这种偏见大有好处。在一次调查研究中,玛格丽特·尼尔和我对一组谈判者进行了有关自负危害的训练;而另一组谈判者则没有接受任何的训练。然后,所有的谈判者都参加了一场仲裁模拟。与受训一组相比较,未受训的谈判者都对自己的判断盲目自信,并很明显在仲裁之前不能妥协和达成一致。

这个调查的寓意是什么呢?通过简单地阅读这些文字,你可能已经减少了变得自负的趋势。但是这种偏见深置脑海,这只是迈开了很小的一步。以下是一些提升谈判表现的其他途径。

拥抱未知

随着客观性的增长,成功的不确定性也在增长。英明的谈判者将不确定性看作是决策的一部分。通过承认对未来和对对方状况的不确定,你将期望提议和接受能够导致双赢的妥协。

征召第三方

在第三方调停中,长期不和双方可以雇佣有经验的仲裁人帮助双方达成自愿的协议。仲裁人通常着眼于减少谈判双方对于自身立场"正确性"的自信。这种策略在第三方正式的文章之外也是很有效的。

在为一场重要的谈判作准备时,你可以从一些无私的建议者那里寻找对提案客观的批评。你可以请一位经验丰富的咨询顾问;将提案与不同公司的同行进行商讨;或者可以向一位你认为比较直率、真诚的朋友寻求帮助。不管你是否采纳第三方的意见,这样做都是必要的,因为他不会是成功的障碍。很多谈判者都怕麻烦而不这样做,但是这样做的人将一定获得优势。

详细列举错误

正如在卖方和卖方的谈判过程中,当找不到建议者或者建议者不合适的时候,你仍然可以找到其他方法来减少自负。一个被研究证明有效的策略是让人解释为什么他们的判断可能是错误的,或者至少是相当地偏离正道。将注意力集中于显而易见的错误,可以

使人们清楚地思考将来的谈判。

答案：			
A	150 亿美元	F	30 300 美元
B	3 000	G	130 000 美元
C	5.6 亿美元	H	1.1 万亿美元
D	122	I	31 亿美元
E	558 750 美元	J	3

你可以试试这种策略。在谈判之前,找出可能导致修订计划的数据。就像研究自己一样,认真研究对手的状况。不要仅仅看到光明的一面,估计一下自己可能会遭遇的打击。通过面对自己交易中的劣势,你可以提高自己的提案被对方接受的几率。一旦谈判开始,就很难修订自负的可信度。

在一些文章中,自负被看作是一种财富,可以激励我们改变自己的生活,可以使我们在困难的环境中坚持下来。但是如果自负妨碍了理性的思考和分析,就可能造成毁灭性的后果。通过抑制自负,你可以获得健康有益的谈判自信。

4. 情感策略

4. 情感策略

玛格丽特·尼尔

谈判最激烈的时刻,我们都曾经说过或做过某些事情,这些事情最终却成为我们的绊脚石。或许大家事后都发现,在不感兴趣的一系列活动中我们作了不应该有或过高的承诺。

当情感失去控制的时候,人们战略性思考和行动的能力会受到抑制。霍华德·瑞发(Howard Raiffa)在他的书《谈判的科学与艺术》(*The Art and Science of Negotiation: How to Resolve Conflicts and Get the Best Out of Bargaining*)中强调了谈判桌上自控的重要性,尤其是面对自己的情感和估计对方的状况时。

> 并不是所有的时候情感都是起坏作用的或者说压抑情感永远都是最好的选择。

这些建议无疑是很英明的,但是并不是所有的时候情感都是起坏作用的或者说压抑情感永远都是最好的选择。实际上,正如我将要解释的那样,在某些情况下,情感能够帮助你赢得谈判,例如,它可以预先提供对手的信息、提高你的决策技能、加强你争取权利的能力和激发双方合作。

管理情感的正确途径

当强烈的、特定的和经常是负面的感觉控制人们的时候,情感通常会给谈判者带来明显的伤害。而谈判者则需要在面对复杂的、需要战略眼光的任务(诸如创造价值和要求权利)时清晰地思考。鉴于这种原因,情感管理就成为谈判过程的一个组成部分。但是不同的管理方法则会产生不同的结果。

在一项涉及 2 000 人的研究中,詹姆斯·格罗斯(James gross)、简·里卡兹(Jane Richards)和奥利弗·约翰(Oliver John)揭示了两种形式的情感管理的社会和认知上的成本。一种是压抑情感,换言之,就是通过不表达情感来控制它;另一种则是换位思考,换言之,就是通过改变我们思考问题的方式来控制情感。

当对手对你进行个人攻击的时候,你可能会通过压抑情感以图抵抗"圈套"。但是当你感觉到对手在尽

量使你在关键时刻失去平衡的话,就可以使用反击来帮助你确定重要事项。

对比这两种情感管理策略的结果,研究人员发现压抑情感的谈判者经历了感觉被削弱的认知过程。另外他们也很少被对手所喜欢,这一点将削弱他们在未来的共同价值创造时的能力。

在谈判中压抑情感是很不明智的举动,不仅仅是因为压抑情感可能会带来更坏的结果并结下仇恨。尽量抑制越来越强烈的情感(例如在受到别人威胁的时候你会感觉到受人侮辱)是不可能的。情感为你和对手都提供了可以达成双赢结果的独特的信息。

相对于压抑情感而言,你可以预先估计是否受到强烈的情感支配,然后在受到强烈的情感支配之前重新估计形势。通过换位思考,你可以集中精力于有意义的方面并作出合理的情感反应。你可以将威胁看作提供有关对手价值的重要信息,并将这种信息用于调整将来提议的层面,而不是过度的情感反应。

愤怒:好与坏

大多数谈判在结构上都是含有"复杂的动机",需要谈判双方通过竞争以要求权利,也需要双方协作以创造新的价值。在这两个目标之间前后移动的能力是重要的(也是困难的)技巧。

情感是如何影响价值的创造和要求这两个方面呢？研究专家艾利斯·伊森(Alice Isen)和卡内瓦尔(Carnevale)发现，积极的情感能够带来更大的价值创造。良好的感觉则显示谈判状况的风险很低。由于和负面情感相关的警惕心降低，谈判者更愿意创造性地思考；相反，研究人员历史性地发现，愤怒常常是与价值要求联系在一起的。

但是愤怒却会真正地妨碍价值要求的过程。在1997年进行的研究中，基斯·奥尔雷德(Keith Allred)、约翰·马洛兹(John Mallozzi)、富萨科·马特隋(Fusako Matsui)和克里斯托弗·雷(Christopher Raia)得出了愤怒与怜悯在谈判过程和随后的收益中更复杂的结论。他们对比了两组人群，一组是相互持有更大的愤怒和更少的怜悯，另一组则是对对方有更积极的情感反应。"愤怒"的谈判者比更倾向积极情感一组获得较少的联合收益，并且不希望在将来与对手有很好的合作。

令人奇怪的是，与另一组相比较，愤怒的谈判者并不为自己争取更大的价值。他们似乎为没有任何好处的消极情感付出了代价。

如果发怒者不只是针对一个人时会出现什么状况呢？斯坦福大学(Stanford University)的尼古拉斯·安德森(Nicholas Anderson)和我组织了一项有关我们被一组谈判者中的一位激怒的调查。愤怒的谈判者中有

一半确信是对手试图激发他们的怒火,而另一半则不确信这一点。

我们发现这种不确信可以给愤怒的谈判者带来更好的联合收益。事实上,不确定是由对方带来的愤怒比情感中立或些微积极倾向的谈判者能创造更大的价值,而有积极倾向的谈判者则比确定是对方使自己愤怒的谈判者创造的价值多一些。此外,愤怒的谈判者通常能够比对手要求更大程度的资源。

随后的分析表明,当愤怒导致谈判陷入困境的时候,对愤怒根源的不确定能激发愤怒的谈判者进行有效的信息处理。

对于谈判者来说一个教训就是偏执的愤怒妨碍了价值创造的过程。但是要提请注意的是,是偏执而不是愤怒减少了分析信息的动机。任何引发或者与不确定相联系的情感都能激励谈判者产生对于创造价值有利的认知行为。伴随愤怒而来的是要求提升价值的附加利益。所以,如果在谈判之前你刚进行完一场不愉快的电话会谈的话,就很可能会提高你的收益,尤其是当电话内容和谈判毫无关联时。

跟着感觉走

大多数现在的有关影响谈判的因素的研究都着眼

于情感体验,而不是情感释放。然而研究表明,情感释放能够从情绪研究中独立出来,情感的释放值得研究。

斯坦福大学的玛万·西拉瑟(Marwan Sinaceur)和拉雷萨·特登斯(Larissa Tiedens)最近研究发现,当谈判者看到对手发怒(即使并非是真正发怒)时,都会作出较大的让步。这些发怒的谈判者不但通过要求更大的价值获得了利益,而且他们也没有丧失创造价值的能力。相对于情感体验只是为处理信息铺平了道路,情感释放则似乎能够影响对手的社交推论和随后的行为。

释放积极的情感可以增强对手同意提议的几率,并将你和状况都看得很美好。而让对手有个好心情是很有用的策略,这样可能达到几乎不可能的目标。实际上,人们都在下意识地传递情感信号,例如,模仿别人的面部表情、身体语言和演讲方式。如果你在微笑,那么相应的对手也会逐渐让自己变得开心起来。

弗里茨·斯特拉科(Fritaz Strack)、里奥纳多·马汀(Leonard Martin)和萨宾·斯特普(Sabine Stepper)发现当人们用牙齿咬住钢笔时比用嘴唇含住时,会认为一幅卡通更可笑,这是因为用牙齿咬住时使用的是和微笑相关的肌肉,而用嘴唇含住时则使用的是与微笑相反的肌肉。单纯地模仿微笑也能带来微笑的效果。

情感和判断

爱荷华州大学的神经系统科学家安东尼·贝克诺(Antoine Bechara)、丹尼·特兰尔(Daniel Tranel)和汉纳·达马斯(Hanna Damasio)的研究说明了情感对决策过程的影响。

他们研究了许多脑前叶皮层受损(VM)的患者。受过这种伤害的个人会戏剧性地减少情感反应。尽管他们的智力机能和记忆能力没有受到影响，VM患者的决策能力却被削弱。例如，他们的一个病人"Elliot"会花费30分钟来从两个可能的约会日期中挑选一个，他也会为一个简单的任务选择过于复杂的成本收益战略。

在一次实验中，贝克诺和他的同事们研究了在一场由正常人和VM患者共同参与的赌博游戏中双方的表现。实验要求参与者每次从四个台子上抽取一张卡片。参与者每次从A或B台子上抽取卡片的话，他将获得100美元的奖励；如果从C或D台子上抽取一张卡片的话，他将获得50美元的奖励。

在抽完卡片和获得100或50美元的奖励之后，实验有时会要求参与者归还特定数目的奖励。对于从A或B台子上抽取卡片的参与者来说，不可预期的每10张卡片的损失平均是1 250美元；而从C或D台子上抽取卡片的参与者则是每10张卡片平均损失250美元。

换句话说,从C或D台子上取卡片的参与者获得最大的净收益。

正常的参与者会从C或D台子抽取卡片。但是VM患者则倾向于从A或B台子上抽取卡片,这样做虽然可以带来短期大收益,但是却只获得了很低的净收益。另外,由于正常参与者在任务中获得了经验教训,所以在选择卡片之前他们表现出身体上的紧张感,而VM患者则没有出现这样的现象。实际上,VM患者对象即使认识到他们的行为带来的结果后,他们也会持续作出这样的选择。

缺乏情感体验的实验者即使知道正确的选择是什么后,也会作出错误的决策。

这算是个教训吧?低度或者中等程度的情感反应可以帮助人们获得目标和进步的信息,从而带给人们挑战和机遇。

以上的含义是为了说明谈判者会发现将自己不想经历的情感释放出来是明智的策略。例如,在谈判开始的时候表现出温和与友好的态度是很有意义的,在此阶段,这样做将激发对手积极的情感反应;那么,价值创造的行为就会顺理成章的出现了。在谈判的最后阶段,你也可以选择表达自己的负面情感(如愤怒),以

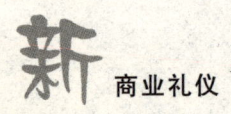

图为己方要求更大的附加价值。

如果我们不管谈判过程中出现的情感反应的信息,事态将可能会恶化。虽然情绪常常会对谈判过程起负面影响,它们也可以帮助你识别和管理双方的反应。

5. 施加压力

5. 施加压力
—— 如何在谈判中威胁对手

亚当·加林斯盖和凯蒂·李简奎斯特

1981年8月3日,在与政府的进行有关工资待遇、工作时间和利益的谈判破裂后,12 000名空中交通指挥官举行了大罢工。针对此事,罗纳德·里根(Ronald Reagan)总统采取了不妥协立场:"我必须警告那些罢工者,他们已经违反了法律,如果他们不能在48小时之内返回工作岗位的话,将会丢掉饭碗并将被停用。"

8月5日,里根总统兑现了他的话:解雇了11 359名没有按时返回岗位的空中交通指挥官。许多评论家将里根有争议的威胁及随后采取的行动看作是他任期中重要的时刻和未来政治胜利的基础。

这个故事说明了谈判中使用威胁规则的重要性。广义上来说,威胁是事件的需要和对抗命代价警告的命题。即使没有任何一方进行威胁,潜在的威胁仍然贯穿大多数谈判过程。

威胁或许对于达成目标毫无价值。研究人员发现,当采取包含威胁的许诺而不仅仅对对手进行许诺时,谈判者对对手的评价比较友善。相对于许诺导致剥削的产生,惩罚的威胁会导致合作。由于威胁会无意识地导致想法的结果,熟练的谈判者必须学会明智地使用它。

> 当采取包含威胁的许诺而不仅仅对对手进行许诺时,谈判者对对手的评价比较友善。

考虑到必须在合适的时间和地点运用威胁,我们从详细地描述何时运用威胁会比较有效开始,然后指出合适的威胁方法,这个方法具有自发、有趣、不丢面子和精确的特征。

何时实施威胁

西北大学(Northwestern University)的珍妮·布雷特(Jeanne Brett)教授和他的同事已经证实在三种情况下威胁是一种必要和有效的策略。首先,当对手企图回避关键问题的僵局时,你需要运用威胁使其重新考虑。威胁式进攻是迫使顽固一方进行和平谈判的典型手段。第二,威胁是抵御顽抗的有力武器,它可以化解

谈判僵局，达成一致。威胁也是给欺凌方发出不是只有他们懂得用武力使对方屈服的信息的唯一途径。最后，精心策划的威胁措施能够确保谈判达成一致，并且使后续的执行变得容易。

尽管威胁有以上好处，但是同样也会带来难以预料的后果。威胁可能会遭遇对方的反抗。当人们感觉自由受到限制的时候，他们会对权力的任何微小损失进行反抗。例如，研究发现，当有一辆车在等待停车位时，人们驶离停车位的时间比没有车等候的时间长。同样的，实施威胁也会降低对方同意己方期望的可能性。另外，强权达成的协议也是违法的，除非施加更强的威胁，否则对方也会违反协议。威胁也会激发对方复仇的怒火。心理学家发现复仇是一种生物本能，就像饥饿一样，只有被满足人们才会停止反抗。威胁的程度越重，反抗的力度越大。

因此，有效的威胁是那些能够满足己方利益，同时也不会产生招致复仇的恶劣后果的威胁。威胁的目标应该是使对方尊敬并喜欢你。尊敬会激发对方对自己的信任和顺从，而喜欢则不会产生防御和不敬。

如何实施有效的威胁

如何只运用威胁积极的一面，并得到对方的喜欢和尊敬呢？那就是实施有效威胁。

有效的威胁是自发自愿的

运用威胁时，你必须乐于接受威胁带来的不服从的固有结果，同时自己的要求必须合情合理以便于对方乐于接受它们。一旦你建立了足够的可信度，威胁带来的就只是对方对自己一连串行动的接受。通过威胁解雇罢工的空中交通指挥官，里根向国会和前苏联发出总统权威不可冒犯的信号，如果妥协的话，他们就会得寸进尺。

己方的要求必须是对方可以接受的。正如近代政治学者卡尔·多伊奇（Karl Deutsch）所说的，"即使最应该和最可信的威胁也是人民所不屑一顾的"。己方的要求不能超出对方的能力范围，即使他们想满足你。

有效的威胁达成双赢

有效的威胁不但可以满足自己的利益，而且可以达成对方的目标。在实施威胁之前，先考虑一下威胁能否真正地帮助你达成自己更广含义上的目标。威胁固然可以带来满意，但是也会惹来一系列后续的麻烦。另外，实施威胁也是有代价的。为了评估实施威胁是会满足还是妨害己方利益，请你回答以下的三个问题：

1. 威胁是情绪化的吗？有效的谈判基于理性考虑，是对瞬间的紧张和不稳定的情绪有免疫力的。并且，不能在愤怒的影响之下采取威胁的举动，这是因为许多研究表明愤怒会导致信息处理过程缩短、采取冒险行为和判断力混乱。一个可信的经验法则是在预先没有计划好的情况下，永远不要采取威胁的举措。这个法则可以使你在没有被情绪左右的情况下同时考虑短期和长期的结果。

2. 采取的威胁手段带来的反向威胁是否会损害己方利益？在反作用力和复仇心理的驱使下，威胁通常会激起反向威胁。在实施威胁之前，请估计一下反向威胁带给己方的潜在冲击，以免发动一场还没有准备好的战斗。

3. 实施威胁的成本是否大于其带给对方的成本？实施威胁不是要惩罚对手，对手是用来达成己方利益的。当忘记这重要的一点时，你想要给对方一个教训的想法将会逐步提高带给对方的威胁，而不管不顾设定的限度。

在确定实施威胁能够保证己方利益的时候，请确认威胁是具有促进作用的功能，而不是惩罚对手。请按照如果服从的话将会如何保证对手的利益，而不是如果不服从的话将如何陷害对手的原则制定威胁策略。

想象一下发生在 Jansen（一家手提电脑公司）和 Riverside（一家社区医院）之间的一场争论。Jansen 公司想要成为有利可图的健康护理市场上的领军人物，而 Riverside 公司则需要手提电脑以提高效率和改善不稳定的财务状况。Jansen 和 Riverside 公司在建立管理信息系统的协议上达成一致，但是，一旦系统启动的话，他们讨论是否在这场交易中加入定制化软件的条款。如果没有这个特定的软件，Riverside 公司可能会面临破产危机，而 Jansen 公司却不用为此事负责。

Riverside 公司面临一个选择。为了得到这个软件，他们可以使用惩罚性的语言来进行威胁，"如果我们不能达成一致，你们将得不到全部合同款项"。或者也可以按照 Jansen 公司更深含义的利益来进行威胁，"如果我们面临破产的话，你们将不能在这个大有前途的市场上取得进展。无论如何，如果我们双方达成一致，贵公司将会被看作我们的救星，从而成为市场领袖"。通过采取顺从基础上的威胁，Riverside 公司提高了达成整体性一致的概率。

有效的威胁挽回面子

有效的威胁将使你挽回面子，并且以骄傲的姿态赢得谈判。威胁是如何影响对手看你的态度呢？它将

如何影响你长期的名声呢？在谈判中表现严肃，并且确认结果对另一方也是有意义的。如果里根仅仅威胁不服从的罢工者将被取消假期，那么他的警告可能就毫无意义了。

罢工和结局

1984年，加拿大汽车工人协会（Canadian Auto Workers Union）所有成员举行大规模罢工以反对通用汽车公司（General Motors）。正如工人们所预言的那样，当车间的流水线陷入停顿的时候，由于罢工造成工厂每天的损失多达数百万美元。在罢工13天后，通用汽车公司（General Motors）默许了工会的基本要求。

紧接着下一年，Hromel公司的肉类食品加工工人举行了罢工。在这次罢工中，经理们准备保持生产，工厂首先通过内部配备人手，然后通过招聘技能明显不如罢工工人的人员来维持生产。罢工工人的要求几乎没有被满足，并且大多数工人永远地丢掉了工作。

这两个案例中使用的是同样的威胁手段，但是Hromel的雇员们高估了他们实施警告对工厂的冲击，他们没有料到管理层可以找到替代员工。最终，他们成为自己这次行动的牺牲品。

有效的威胁同样也可以使对手挽回面子。通过为对手提供可以为己方带来同等价值的多种选择,可以给对方一个很容易满足己方条件的方法。通过让对方作出最好的选择,你可以让对方服从而不感觉到丢脸。制定恰当的威胁战略让对方感觉到他的顺从是给自己的礼物,而不是在压力下作出的让步。因此,当对方满足了你的要求时,请表示出你的感激,而不是装模作样。通过让双方都挽回面子,你就有很大的机会获得尊敬与喜爱。

有效的威胁是精确的

有效的威胁表达了一种明确的偶然。在实施威胁的时候,如果对方不能完成己方要求,必须承担相应的后果时,请用"如果,那么"这种连词来描述整个事件顺序。通过对己方要求的精确描述,你将增加对方达到自己期望值的机会。为了避免威胁带来的不良后果,你也应当给出清晰的时间限度和准备备用方案。

通过这样做,你将提前知道需要什么和何时需要。例如,你可以这样陈述,"如果在这个月底之前,我们没有收到所需要的文件的话,我们将不得不中止服务并讨回我们的合法权益。但是如果你们按时提供文件的话,我们将按初始合同执行"。精确地描述己方需求,可以避免将来可能出现的争端。

> **目标是获得没有反抗的执行、没有报复的服从和没有蔑视的尊敬。**

马基雅弗利（Machiavelli）曾经说过，"我认为一个人能够避免威胁或者侮辱他人才是成熟的标志"。由于威胁具有破坏和建设的两面性，所以在实施前必须要经过深思熟虑。目标是获得没有反抗的执行、没有报复的服从和没有蔑视的尊敬。

作者简介

作者简介

斯蒂芬·罗宾斯（Stever Robbins），企业家培训机构 VentureCoach.com 的总裁。

肯·奥奎因（Ken O'Quinn），管理公司研究班的写作教练，在开始自己的事业之前，他曾供职于新闻业22年，大多数时间在美联社工作。

莫西·威廉姆斯（Monci Williams），《哈佛管理前沿》的著名作者。

康斯坦丁·冯·霍夫曼（Constantine von Hoffman），《哈佛管理前沿》的著名作者。

尼克·摩根（Nick Morgan），《哈佛管理前沿》的著名作者。

保罗·米歇尔曼（Paul Michelman），《哈佛管理前沿》的著名作者。

劳伦·凯勒·约翰逊(Lauren Keller Johnson),《哈佛管理前沿》的著名作者。

埃里克·麦克拉尔蒂(Eric McNulty),《哈佛管理前沿》的著名作者。

戴维·斯托弗(David Stauffer),《哈佛管理前沿》的著名作者。

苏珊·哈克利(Susan Hackley),哈佛法学院谈判课程的管理主任。她也是一名政治和沟通专家,并且是一家网络公司的共同创办人。

霍利·威克斯(Holly Weeks),一名沟通咨询顾问。

马克斯·巴泽曼(Max Bazerman),哈佛商学院Jesse Isador Straus的教授,也是谈判课程研究所的副主席。他曾和迈克尔·沃特金斯(Michael Watkins)合作出版《可预料的意外》(*Predictable Surprises*)(哈佛商学院出版社,2004)。

玛格丽特·尼尔(Margaret Neale),John G. McCoy-Banc One Corporation Professor 组织公司专家,也是斯坦福大学商业研究生院争端解决专家,斯坦福大

学四个执行教育课程的教师指导。

亚当·加林斯盖（Adam Galinsky），西北大学凯洛格商学院副教授。他的研究范围涉及特定的谈判策略如何影响主观和客观收益以及常规和偏见对谈判的影响。

凯蒂·李简奎斯特（Katie Liljenquist），凯洛格商学院谈判教师。她主要研究谈判过程中不当行为的伪饰以及伦理陷阱。